制度、名物与史事沿革系列

名战史话

A Brief History of Famous Battles in China

黄朴民 / 著

社会科学文献出版社
SOCIAL SCIENCES ACADEMIC PRESS (CHINA)

图书在版编目（CIP）数据

名战史话/黄朴民著. —北京：社会科学文献出版社，
2012.6（2014.8 重印）
（中国史话）
ISBN 978 – 7 – 5097 – 3404 – 9

Ⅰ.①名…　Ⅱ.①黄…　Ⅲ.①战争史 – 中国 – 古代
Ⅳ.①E291

中国版本图书馆 CIP 数据核字（2012）第 089040 号

"十二五"国家重点出版规划项目

中国史话·制度、名物与史事沿革系列

名战史话

著　　者 / 黄朴民

出 版 人 / 谢寿光
出 版 者 / 社会科学文献出版社
地　　址 / 北京市西城区北三环中路甲 29 号院 3 号楼华龙大厦
邮政编码 / 100029

责任部门 / 人文分社（010）59367215
电子信箱 / renwen@ ssap. cn
责任编辑 / 于占杰　周志宽
责任校对 / 丁爱兵
责任印制 / 岳　阳
经　　销 / 社会科学文献出版社市场营销中心
　　　　　（010）59367081　59367089
读者服务 / 读者服务中心（010）59367028

印　　装 / 北京画中画印刷有限公司
开　　本 / 889mm×1194mm　1/32　印张 / 6.875
版　　次 / 2012 年 6 月第 1 版　　字数 / 133 千字
印　　次 / 2014 年 8 月第 2 次印刷
书　　号 / ISBN 978 – 7 – 5097 – 3404 – 9
定　　价 / 15.00 元

总　序

　　中国是一个有着悠久文化历史的古老国度，从传说中的三皇五帝到中华人民共和国的建立，生活在这片土地上的人们从来都没有停止过探寻、创造的脚步。长沙马王堆出土的轻若烟雾、薄如蝉翼的素纱衣向世人昭示着古人在丝绸纺织、制作方面所达到的高度；敦煌莫高窟近五百个洞窟中的两千多尊彩塑雕像和大量的彩绘壁画又向世人显示了古人在雕塑和绘画方面所取得的成绩；还有青铜器、唐三彩、园林建筑、宫殿建筑，以及书法、诗歌、茶道、中医等物质与非物质文化遗产，它们无不向世人展示了中华五千年文化的灿烂与辉煌，展示了中国这一古老国度的魅力与绚烂。这是一份宝贵的遗产，值得我们每一位炎黄子孙珍视。

　　历史不会永远眷顾任何一个民族或一个国家，当世界进入近代之时，曾经一千多年雄踞世界发展高峰的古老中国，从巅峰跌落。1840 年鸦片战争的炮声打破了清帝国"天朝上国"的迷梦，从此中国沦为被列强宰割的羔羊。一个个不平等条约的签订，不仅使中国大量的白银外流，更使中国的领土一步步被列强侵占，国库亏空，民不聊生。东方古国曾经拥有的辉煌，也随着西方列强坚船利炮的轰击而烟消云散，中国一步步堕入了半殖民地的深渊。不甘屈服的中国人民也由此开始了救国救民、富国图强的抗争之路。从洋务运动到维新变法，从太平天国到辛亥革命，从五四运动到中国共产党领导的新民主主义革命，中国人民屡败屡战，终于认识到了"只有社会主义才能救中国，只有社会主义才能发展中国"这一道理。中国共产党领导中国人民推倒三座大山，建立了新中国，从此饱受屈辱与蹂躏的中国人民站起来了。古老的中国焕发出新的生机与活力，摆脱了任人宰割与欺侮的历史，屹立于世界民族之林。每一位中华儿女应当了解中华民族数千年的文明史，也应当牢记鸦片战争以来一百多年民族屈辱的历史。

当我们步入全球化大潮的 21 世纪，信息技术革命迅猛发展，地区之间的交流壁垒被互联网之类的新兴交流工具所打破，世界的多元性展示在世人面前。世界上任何一个区域都不可避免地存在着两种以上文化的交汇与碰撞，但不可否认的是，近些年来，随着市场经济的大潮，西方文化扑面而来，有些人唯西方为时尚，把民族的传统丢在一边。大批年轻人甚至比西方人还热衷于圣诞节、情人节与洋快餐，对我国各民族的重大节日以及中国历史的基本知识却茫然无知，这是中华民族实现复兴大业中的重大忧患。

中国之所以为中国，中华民族之所以历数千年而不分离，根基就在于五千年来一脉相传的中华文明。如果丢弃了千百年来一脉相承的文化，任凭外来文化随意浸染，很难设想13亿中国人到哪里去寻找民族向心力和凝聚力。在推进社会主义现代化、实现民族复兴的伟大事业中，大力弘扬优秀的中华民族文化和民族精神，弘扬中华文化的爱国主义传统和民族自尊意识，在建设中国特色社会主义的进程中，构建具有中国特色的文化价值体系，光大中华民族的优秀传统文化是一件任重而道远的事业。

当前，我国进入了经济体制深刻变革、社会结构深刻变动、利益格局深刻调整、思想观念深刻变化的新的历史时期。面对新的历史任务和来自各方的新挑战，全党和全国人民都需要学习和把握社会主义核心价值体系，进一步形成全社会共同的理想信念和道德规范，打牢全党全国各族人民团结奋斗的思想道德基础，形成全民族奋发向上的精神力量，这是我们建设社会主义和谐社会的思想保证。中国社会科学院作为国家社会科学研究的机构，有责任为此作出贡献。我们在编写出版《中华文明史话》与《百年中国史话》的基础上，组织院内外各研究领域的专家，融合近年来的最新研究，编辑出版大型历史知识系列丛书——《中国史话》，其目的就在于为广大人民群众尤其是青少年提供一套较为完整、准确地介绍中国历史和传统文化的普及类系列丛书，从而使生活在信息时代的人们尤其是青少年能够了解自己祖先的历史，在东西南北文化的交流中由知己到知彼，善于取人之长补己之短，在中国与世界各国愈来愈深的文化交融中，保持自己的本色与特色，将中华民族自强不息、厚德载物的精神永远发扬下去。

《中国史话》系列丛书首批计 200 种，每种 10 万字左右，主要从政治、经济、文化、军事、哲学、艺术、科技、饮食、服饰、交通、建筑等各个方面介绍了从古至今数千年来中华文明发展和变迁的历史。这些历史不仅展现了中华五千年文化的辉煌，展现了先民的智慧与创造精神，而且展现了中国人民的不屈与抗争精神。我们衷心地希望这套普及历史知识的丛书对广大人民群众进一步了解中华民族的优秀文化传统，增强民族自尊心和自豪感发挥应有的作用，鼓舞广大人民群众特别是新一代的劳动者和建设者在建设中国特色社会主义的道路上不断阔步前进，为我们祖国美好的未来贡献更大的力量。

陈奎元

2011 年 4 月

　　黄朴民，男，浙江诸暨人，1958年8月生于浙江绍兴市，历史学博士。中国人民大学国学院执行院长、教授、博士生导师。代表性专著有：《春秋军事史》、《先秦两汉兵学文化研究》、《天人合一：董仲舒与两汉儒学思潮》、《孙子评传》、《何休评传》、《大一统：中国历代统一战略研究》等，并著有《寻找本色》、《历史无间道》、《难得糊涂》、《悦读韩国》等学术随笔集。曾在《历史研究》、《中国史研究》、《文史》等刊物发表学术论文二百余篇。

目 录

目
录

导　言

　　中国的战争起源于原始社会末期，并在原始社会向阶级社会过渡中发挥过特殊的影响，对完成社会形态的转变起到了不容忽视的作用。今天看来，原始军事的时间跨度大约是在公元前21世纪夏王朝建立之前的一千余年，也就是新石器时代晚期，原始社会向阶级社会过渡的这一特殊的史前时期。在这个时期中，首先是氏族社会内部各个氏族为了保有或扩大生存空间、实施血亲复仇而发生了武力冲突；氏族内部分化的加剧和私有财产的出现，又诱发了部族集团之间的大规模武装冲突。于是，军事活动的基本要素逐渐形成，这包括战争物质条件的初步具备，战争动员与实施机制的草创，氏族内部尚武嗜勇之风的有力张扬，在此基础上，严格意义上的战争开始出现了。随之发生的是与阶级分化紧密联系的部落征服战争；最后，与国家形成直接相关的阶级社会战争正式登台。这样，从萌芽形态到基本定型，完成了中国战争起源的整个历史进程。从此，战争作为阶级斗争的最高形式，在整个社会活动中占据了显著地位，成为历史发展的最直观表现形态；而伴随着原始战争厮杀呐喊场景的壮烈上演，中国古代的战争也开始迈出了自己的第一步。

大约在公元前 21 世纪，生活在黄河中下游流域中原地区的华夏族先民，率先建立起最早的国家——夏王朝。其后，经过数百年的发展，至商代中期，青铜文化高度繁荣，社会政治、军事、经济制度亦趋于成熟；及至西周时期，其间虽经战乱征伐，但社会发展的势头依然强劲，礼乐文明已进入全盛的阶段。

这一时期的战争也随着社会的进步而发展。从战争的类别来说，有以商汤伐桀、武王伐纣为代表的新旧王朝更替战争，周公东征一类的平息叛乱巩固统治秩序的战争，中原华夏民族中央王朝与周边少数民族之间的战争，下层民众反抗暴政的军事斗争，等等。当时的作战方式亦处于不断变化之中。在夏、商两代，步兵占有优势，步战作为作战方式的主流，而车战则为辅助。到了西周，车兵成为了主力兵种，步兵退居次要地位，由建制步兵转化为依附于战车的隶属徒卒，车战遂取代步战而成为主要的作战方式。

春秋战国时期（公元前 770～前 221），始于周平王东迁洛邑（今河南洛阳），终于秦王嬴政统一六国建立秦朝，是中国古典社会形态向中世纪社会形态转变的重要时期。

这一时期的最大特点就是大动荡、大变革。经济上，社会生产力迅速提高，井田制走向瓦解。政治上，礼乐文明遭遇到极大冲击，王室衰微，强卿擅权，诸侯争霸，大国兼并，变法改革方兴未艾，天下统一大势所趋。文化上，学术下移，私学勃兴，诸子蜂起，百家争鸣。而绵延近 600 年的战争，更成为这一时期居特殊地位的时代主题。

战争类型基本齐全。除上古已出现的战争类型外，当时的战争还包括了诸侯争霸和大国兼并战争、统治集团内部夺权的战争、新兴势力向守旧势力夺权的战争以及秦始皇攻灭关东六国的统一战争等。其中，诸侯争霸战争、大国兼并与统一战争，乃是当时战争的主流，对中国历史的进程产生过重大深远的影响。

战争方式急剧变化。自春秋中期起，随着军队结构的改变、强弩与铁兵器的使用、战争区域的扩大以及与戎狄族步卒作战的需要，步兵遂重新崛起，步战再次占据主导地位。[①] 同时，水军出现，水战在南方吴、楚、越等地区开始流行。自战国中期起，以赵武灵王"胡服骑射"为标志，骑战也被大规模引入中原地区，成为新的作战样式。至此，步、车、骑、舟诸兵种完整形成，并出现诸兵种协同作战的局面（长平之战可谓典范），奠定了冷兵器时代作战的基本样式。

多种战法各擅胜场。当时野战的军阵大多采用三军阵，但五军阵也开始成为比较常用的阵形。其战术运用，除了疏散方阵进攻外，大多数已转化为纵队进攻，并由早期的徐缓推进向快速进击的方向过渡，出现了"车驰卒奔"、"剽疾迅猛"的场面。同时，城池攻守战、关隘要塞战、伏击包围战、奇袭战、火攻、

---

① 蓝永蔚：《春秋时期的步兵》，中华书局，1979，第 23 页。

水淹等战法也先后在作战中被广泛使用。

战争观念发生根本性变革。春秋中期之前，人们普遍遵循和崇尚西周延续而来的"军礼"传统，主张进行"结日定地，各居一面，鸣鼓而战，不相诈"①为特征的"偏战"，但是从春秋晚期起，这种"正正之旗、堂堂之阵"的战法开始遭到全面否定，"诡诈"战法原则在战争领域内得到普遍运用，即所谓"自春秋至于战国，出奇设伏，变诈之兵并作"②。

武器装备进步巨大。春秋战国时期军队的武器装备发展的主要标志是铁兵器和弩机的普遍使用。从考古发现和有关文献记载看，当时是我国古代青铜兵器发展的鼎盛时期，同时也是我国钢铁兵器发展的初始阶段。战车的形制和性能得到改进，战船数量已相当可观。戈、戟、矛、剑等常用刺杀格斗兵器的形制有了新的改进，杀伤力增大。甲胄干盾等防护装具更加多样，牢固耐用，弓弩为主体的射远兵器制作工艺水平提高，"积弩齐发"成为战场制胜的重要手段。辊辒、云梯、巢车、铁蒺藜、地听等攻守城器械被广泛使用，在战争中发挥了积极作用。当时的筑城虽仍然采用版筑夯土方式，但是筑城数量与版筑质量均有长足的进步③。

军事学术高度繁荣。与战争发展相呼应，春秋战

---

① 《公羊传解诂·隐公十年》。
② 班固：《汉书·艺文志》。
③ 参见蓝永蔚、黄朴民等《五千年的征战：中国军事史》，华东师范大学出版社，2000，第37页。

国时期涌现出一批杰出的军事思想家，如孙武、司马穰苴、伍子胥、范蠡、孙膑、吴起、商鞅等；诞生了《孙子兵法》、《孙膑兵法》、《吴子》、《尉缭子》、《司马法》、《六韬》、《伍子胥水战法》、《盖庐》等著名兵书。儒、墨、道、法等主要思想学派也纷纷从哲学、政治学、伦理学、运筹学角度对军事问题进行探讨，使时人对军事问题的认识逐渐深化。这表现为以理性的态度对待战争，主张慎战，重视备战，致力于追求"全胜不斗，大兵无创"①的理想境界；以正确的理念指导治军，提倡"以治为胜"，恩威兼施，文武并用；以科学的审断指导作战，主张先胜后战，奇正相生、避实击虚、因敌制胜、大创聚歼。这些都奠定了中国古典兵学理论的基础，规范了中国古代军事文化的基本特质和主导倾向。②

秦汉时期包括秦（前 221～前 206）、西汉（前 206～公元 25，含王莽新朝）和东汉（公元 25～220）三个历史阶段，共计 441 年。它是中国历史上中央集权制度全面确立并获得较大发展的时期，也是中国古代战争发展史上颇有光彩的一页。

秦汉时期，步、骑、车、舟几大兵种的构成日趋合理和成熟。汉武帝之前，兵种建设实行车、步、骑并重的做法，武帝为了反击匈奴，积极发展骑兵部队，使骑兵成为军队的最主要兵种。车兵的地位进一步下

---

① 《六韬·龙韬·军势》。
② 参见于汝波、黄朴民主编《历代军事思想教程》第一章，军事科学出版社，2000。

降，战车通常只发挥屏障性防御功能。舟兵在当时有所发展，它通称"楼船"，往往用于南方水泽湖泊地带的作战。步兵依旧是重要兵种，在数量上占绝对多数。

秦汉时期战争频繁，其中统一战争、民族战争依旧占据着战争的主流。当时比较著名的战事有汉与匈奴的战争、汉羌战争、楚汉战争、平定吴楚七国之乱战争、刘秀统一全国战争等。值得特别重视的是以汉匈战争为代表的民族战争，它是农耕文明与游牧文化互相冲突并逐渐趋于融合在军事上的体现。中原王朝在战争中的胜利进一步确定了中华农耕文明的本质属性，扩大了中华文明的辐射圈，拓展了疆域，维护了统一。另外，秦汉时期还诞生了新的战争种类，即农民起义战争。其中最为著名的，有秦末陈胜、吴广农民起义战争，西汉末年绿林赤眉起义战争，东汉末年黄巾军大暴动，等等。这些农民起义战争都在一定程度打击了暴政，有助于调整国家内部的复杂阶级关系。

秦汉时期的作战艺术也有了新的提高，其中比较显著的标志是野战阵法有了一定的改进，"五军阵"的运用更趋成熟。垓下之战中韩信以坚固的"五军阵"彻底击败骁勇善战的项羽大军，卫青攻打匈奴单于主力时运用车、步、骑协同作战大破敌手，河西之役中霍去病越远迂回出击匈奴大获全胜，均反映出卓越的作战指挥水平。与阵法进步相联系，当时军队的机动性也明显增强，日行军速度有高达160里者，这是过去日行军为一舍（30里）的速度无法比拟的。同时，像包围、伏击、奇袭、正面攻击、侧翼突击等野战战法，山地战、河川战、丘陵战、丛林战、荒漠战、夜战、火攻、水战等特殊条件下的战法，在当时已应有尽有，其指挥艺术也有了新的进步。

东汉末年的黄巾暴动被血腥镇压之后，中原地区出现了群雄割据、军阀混战的局面。经过官渡之战和赤壁之战，曹操基本上完成了对北方中原地区的统一，孙权巩固了对长江中下游地区的统治，刘备则乘势夺占西南及汉中地区；魏、蜀、吴三国鼎立逐步形成。40余年之后，司马氏集团夺取了曹魏政权，并先后灭亡了蜀、吴，建立西晋，完成了全国统一。

西晋的统一是短暂的。在各地流民和内迁的少数民族大规模的反晋武装斗争冲击下，西晋很快灭亡，中原地区重新陷入分裂，晋宗室司马睿则在大族豪门拥戴下于南方建立东晋政权，遂出现了东晋与十六国的南北大对峙。经过连年战乱，刘宋取代东晋，北魏统一北方，是为南北朝阶段。不久，北魏分裂为东魏、西魏并由北齐、北周取代，南方地区宋、齐、梁、陈四个朝代交替兴代。北周权臣杨坚夺取政权建立起隋朝，并于589年兴师攻灭南陈，完成全国统一，终于结束了近四个世纪的大动乱、大分裂的局面。

新旧王朝的先后更替，在大分裂中孕育大统一的条件，中原王朝与边地少数民族的武装冲突与各民族间的同化，决定了这一时期战争活动频繁，军事学术日益发展。这首先表现为战争次数众多。三国鼎立战争、西晋统一战争、十六国更替战争、南北朝对峙战争以及多次农民战争此起彼伏，连绵不断，构成了社会生活的主要内容。其中诸如官渡之战、赤壁之战、吴袭江陵之战、猇亭之战、诸葛亮平定南中之战、诸葛亮北伐中原之战、邓艾灭蜀之战等战例，都体现了很高的作战艺术水平，在中国战争史上具有经典意义。

其次，战争的地域特色十分显著。这一时期的战争大多发生在黄河流域和淮河流域，相对而言，长江流域战事较少，南北方不同的地理条件，在很大程度上制约着战争的方式和兵种建设。① 这一时期，车兵已趋于式微，而骑兵则得到了引人注目的发展，根据作战的需要，出现了重甲骑兵与轻骑兵。通常情况下，在北方平原地带，以骑战为主，步战为辅；在南方丘陵与水网地带，水战与步战并重，骑兵则无法施展其长处。

再次，民族融合战争在这一时期的战争中占有很大的比重。中国自古以来就是统一的多民族国家，各民族之间的交流与融合是历史的主流，中原地区的统一及中原对边疆的统一也是历史的必然。这种交流与融合有和平的一面，但更多的是通过战争的方式得以实现的。这一时期民族战争连绵不断，数以千百计，它虽然使各民族付出了巨大的代价，但却有利于消除民族畛域，推动民族大融合的发展，促成了新的统一的隋唐大帝国的出现。

---

① 参见朱大渭、张文强《两晋南北朝军事史》"绪论"，军事科学出版社，1998。

最后，战术水平有了进一步的提高。多兵种协同作战能力不断增强，野战阵法日趋成熟。八阵成为当时阵法的主要形态，体现了很高的战术水平，在实战中发挥了重大的作用。① 水战的战法也高度发达，西晋王濬水师大破东吴长江防御，直捣建康，一举灭吴，反映出当时的江河作战已进入了新的水平。

自隋、唐、五代，历经宋、辽、金、元，迄于明、清前期（1840 年前），战争依旧十分频繁而激烈。据不完全统计，当时各类战争与武力冲突在 2000 多次。这时期的战争，又有许多新的特点。第一，骑兵作战的方式有了新的进步。重装具铠骑兵逐渐为更机动、更迅捷的轻装骑兵所替代。第二，中原农耕民族以步制骑，依托坚城要塞，对北方草原少数民族的骑兵进攻实施坚强防御的作战能力有了明显的提升，如南宋时期刘锜指挥的顺昌保卫战重挫金兵的南下战略企图，南宋末年的襄樊防御战、钓鱼城坚守战，使蒙元大军顿兵挫锐、伤亡惨重等等，均是这方面的显例。第三，战车部队与步兵的结合有了新的契机，战车重新成为军队作战的要素之一，这一点，在孙承宗《车营扣答百问》一书中有所体现。第四，尤为重要的是，与以往战争中单纯使用冷兵器不同的是，火器业已出现，并开始陆续装备部队，从而使战争进入了冷兵器与火器并用的新阶段。据史料记载，北宋时期就出现了火球和火药箭，到了南宋时期进而创制了初级突火枪、

---

① 余大吉：《八阵图源流考》，《中国史研究》1997 年 4 期。

铁火枪，元代又发明了火铳，明代起，除了发明火绳枪等火器外，还先后引入和制造佛朗机炮、红夷大炮以及鸟铳单管多管枪等西式火器。这些火器的发明或引入并开始应用于战争实践，导致明永乐年间装备和使用火器的新兵种——神机营的诞生。

同时，与以往战争主要囿于国内民族之间进行的情况有所不同，这一时期的战争已增加了抗击外侮、维护中华民族利益、守卫国家疆域的新内容。如明代中叶戚继光、俞大猷平定东南沿海的倭寇之患，明清之际郑成功用武力驱逐荷兰殖民者，收复台湾，清代康熙帝抗击沙俄侵略，进行雅克萨之战等，就属于这一类性质的战争。与此相联系的，反对分裂，巩固统一，作为中国历代战争的主流，在这时期也有了更加鲜明的体现。元朝完成统一大业，清代平定"三藩之乱"、统一台湾、剪除西北地区分裂势力，都是这方面的重要业绩。

一　从喋血涿鹿到凤鸣岐山

——中国古代战争的源与流

 血亲复仇与部落争雄

在中国，战争萌芽于史前时期。正如《吕氏春秋·荡兵》所说："兵之所自来久矣，与始有民俱。"原始人类为了争夺生存条件，就曾发生过无数次的暴力冲突。具体地说，随着原始社会的发展，大约在距今六七千年前，在黄河、长江、辽河、汉水等流域的广大地域上，母系氏族社会进入了繁荣阶段，这与我国古代史传说中的神农时代大体相当。当时各个氏族部落之间，为了保有或扩大各自的生存空间，不时发生激烈的武力冲突。在这类武力冲突之中，"血亲复仇"是一条重要的原则，按照这一古老的集体复仇法则，氏族内部的某一成员遭受侵害，即被看做对氏族整体的侵害，个别冲突也就迅即演变为集体的武力冲突。这种情况的产生是很自然的，因为在生产力极不发达的前提下，人们差不多完全受着陌生的、对立的、不可理解的外部大自然的支配，一个人无法独立生存，血缘的纽带把同一氏族人们的命运紧连在一起，所以为同一氏族的人进行血亲复仇是一项基本义务，也是神圣的权利，它的根子深深地扎在自卫的本能之中。①《左传·成公四年》所援引的"史佚之志"曰："非我族类，其心必异"即是这种观念的孑遗。

可以认为，这种必然会发生的集体武力行为，就是萌芽状态的战争。这在中国古代典籍中有一定的反映，《孙膑兵法·见威王》关于"神戎（神农）攻斧遂"，《战国策·秦策一》所载"昔者神农伐补（斧）遂"等传说，就是例证。而陕西仰韶文化村落遗址周围发现的防卫沟，就是这类武力冲突考古学意义上的实物遗存。因为很显然，只有当武力冲突达到一定的规模，而且已经不是偶然现象的时候，这类防卫沟的设置才是必要的。可见，当时的氏族生活是处于经常的、有组织的集体戒备之中。可是这类武力冲突的目的很单纯，既无攫取私有财产的因素在起作用，更不是以从事阶级奴役为基本宗旨，与战争起源的两个基本要素（私有财产的出现与阶级的分化）并不相涉，因此，这类以"血亲复仇"为特征的武力冲突，并不是严格科学意义上的战争，而至多是战争的萌芽而已。同时，这类武力冲突的方式也非常原始，参加者是氏族部落的成员集体，并没有出现专业化的军队，也没有专门制式的武器装备，使用于冲突的只是那些常用

---

① 罗琨、张永山：《夏商西周军事史》，军事科学出版社，1998，第22页。

的木、石生产工具，从某种意义上说，它颇类似近代农村聚落中常常发生的械斗。[①]

进入父系氏族社会初期阶段后，血缘相近的氏族逐渐结成相当规模的部族集团。这时在部族集团内部开始出现争长称雄的斗争。来自不同氏族的首领们，为了争夺部族集团中的领导权，遂发生相当激烈乃至残酷的武力冲突，所谓"强则分种为酋豪，弱则为人附落，更相抄暴，以力为雄"[②]。胜利的一方首领登上本部族集团尊长的宝座，失败的一方则成为本部族集团中的依附性氏族团体，从而加速了部族集团内部的整合进程。传说中黄帝攻伐炎帝的阪泉之战，就是这一类武力冲突遗留的史影："炎帝欲侵陵诸侯，诸侯咸归轩辕……以与炎帝战于阪泉之野，三战，然后得其志。"[③] 两个同源共祖的氏族（史称"炎帝以姜水成，黄帝以姬水成"），经过阪泉之战，胜利的一方黄帝氏族成为主宰者，并且组成了规模空前的华夏部族集团。但就这类武装冲突的性质、目的、手段、影响诸要素来说，它依然不是真正意义上的战争，而只能算做萌芽状态的战争的最后形态而已。

 中国战争的初步成型：涿鹿之战

大汶口文化及早期龙山文化显示出生产工具的明

---

① 黄朴民：《涿鹿之战论析》，《军事历史研究》1997 年第 4 期。
② 《后汉书·西羌传》。
③ 《史记·五帝本纪》。

显改进和劳动生产力的提高已经导致私有财产的出现，这便激发了部族领袖攫取更大物质财富的强烈欲望，大规模的部落战争就这样登上了历史舞台。

当时在广袤的地域内已经形成了华夏、东夷、苗蛮三个部族集团①。以黄、炎为核心的华夏集团沿着黄河两岸向华北大平原西部发展。与此同时，兴起于黄河下游今冀、鲁、豫、苏、皖交界地区的九夷部落（东夷集团的一支），也在著名首领蚩尤的率领下，以今山东为根据地，由东向西发展，进入华北大平原。

据说，九夷部落勇猛剽悍，骁勇善战，而且又善于制作兵器，战斗力很强②。他们首先击败了炎帝族，占据了炎帝族居住的"九隅"。炎帝族遂向同集团的黄帝族呼救求援。黄帝族与炎帝族齐头向东推进，这样便在涿鹿（今河北涿鹿县一带）同正乘势向西开进的蚩尤九夷部相遭遇，华夏与东夷两大集团的决战于是就全面展开了。

其时蚩尤集结了所属81个支族（一说72族），率先向黄帝族发起攻击。黄帝面临强敌，方寸不乱，率领以熊、罴、狼、豹等为图腾的诸多氏族迎战蚩尤。

战争初期，适逢浓雾和大风暴雨的恶劣天气。这种气候条件适合来自东方多雨环境的蚩尤族展开军事

---

① 参见徐旭生《中国古史的传说时期》，文物出版社，1985，第39页。

② 《史记·五帝本纪》："（蚩尤）最为暴，莫能征。"又同书张守节《正义》注引《龙鱼河图》："蚩尤兄弟八十一人，并兽身人语，铜头铁额，食沙石子。立造兵杖，刀戟大弩，威振天下。"

行动，而不利于适应晴旱天气环境下作战的黄、炎族。结果，黄帝族连战皆北，处境被动①。然而时隔不久，雨季过去，天气放晴，给黄帝族转败为胜提供了机会。黄帝族及时捕捉住这一战机，在玄女族的有力支持下②，向蚩尤族发动了猛烈的反击。利用一个狂风大作、尘沙弥漫的天候，劲吹号角，高擂鼙鼓，乘蚩尤族部众迷乱失措、震慑丧胆之际，驱众向蚩尤族杀去，一举战胜对手，擒杀蚩尤于冀州之野（今河北一带），"执蚩尤，杀之于中冀"③。战后，黄、炎族乘胜东进，直抵泰山，在那里举行了"封泰山"仪式后凯旋西归。

涿鹿之战的大致经过，是根据传说追溯的，具体细节已无从考索。但传说毕竟是历史的投影，它曲折地反映了历史事实的本身。从这个意义上说，涿鹿之战又是真实可信的。此战称得上是炎黄五千年文明的奠基之战，这首先表现为其作战的目的已经不单纯是争夺生存空间、血亲复仇，而是包含了征服异族、掠夺财富等动因，在刀光斧影、厮杀呐喊中可以隐约地看到私有财产这只手在晃动操纵。所以就性质而言，涿鹿之战正式揭开了中国古代战争历史的序幕。其次，透过蚩尤"作兵"，黄帝君臣"作弓"、"作矢"、黄帝得九天玄女战法等传说，可见当时专门用于作战的兵器已逐渐开始与生产工具相分离，原始的战阵开始出

---

① 《太平御览》卷十五引《黄帝玄女战法》。
② 《黄帝内经》："黄帝与蚩尤战，玄女制夔牛鼓。"
③ 《逸周书·尝麦篇》。

现，原始的战法也开始运用。所以，从战争的手段、方式角度考察，涿鹿之战是中国历史上的第一场真正意义的战争，是中国古代军事学术的滥觞。同时也说明某些论者将"神农伐斧遂"列为中国历史上的第一场战争，把阪泉之战的时间置于涿鹿之战之后等观点上不能成立的①。最后，更重要的是，从涿鹿之战的结果和影响看，它毫无疑义是中国古代战争起源的一个重要标志。史载涿鹿之战后，"诸侯咸尊轩辕为天子，代神农氏，是为黄帝"②，黄帝"已胜四帝，大有天下……天下四面归之"③，这说明是战使华夏集团据有了广大中原地区，并且强迫东夷集团与华夏集团结盟，共尊黄帝为首领④，从而起到了进一步融合各氏族部落的催化作用。取得这场战争胜利的部族首领黄帝，从此成为中华民族的共同祖先，并被人们逐步神化⑤，就这个意义而言，此战决定了中华民族在发轫时期的基本格局，也凸显出战争在当时社会活动中的特殊地位。

---

① 《中国军事史》编写组，《中国军事史》附卷《历代战争年表》（上），解放军出版社，1983。

② 《史记·五帝本纪》。

③ 《银雀山汉墓竹简》【壹】《孙子兵法佚义·黄帝伐四帝》，文物出版社，1985。

④ 涿鹿之战后，黄帝对战败的东夷集团没有采取斩尽杀绝的措施，而是"命少昊清司马鸟师，以正五帝之官"（《逸周书·尝麦篇》)，使华夏集团与东夷集团互结为同盟。

⑤ 《史记·五帝本纪》："合符釜山，而邑于涿鹿之阿……置左右大监，监于万国，万国和，而鬼神山川封禅为多焉。获宝鼎，迎日推策。"

黄帝之后，中国历史进入了所谓的尧舜禹时代，也即原始社会向阶级社会过渡的最后一个阶段——军事民主制时代。这个时期的主要战争，就是旷日持久的尧、舜、禹攻伐三苗之战。这场战争的性质，可谓与阶级分化相紧密联系的部落征服战争。

"三苗"即指南方的苗蛮集团。据《尚书·吕刑》记载，"三苗之君"的罪状是不敬神灵，残害百姓，道德沦丧，背信弃义，反复诅盟。说明这场战争是在氏族制度陷入深重危机的情况下爆发的，是原始战争向阶级社会战争转化的一个标志。此战于尧时开始，"尧与有苗战于丹水之浦"，战场主要在今河南南阳地区①。舜时加紧攻势，战场又逐次扩大到洞庭湖、鄱阳湖之间，而舜本人也于南征途中"道死苍梧"②。禹继位后，利用南方地区不断发生地震、水灾而人心动荡的时机大破三苗，杀其首领，最终取得了胜利③。

这场连绵多年的战争有着自己新的鲜明特色，这就是异常残酷血腥：战败者的宗庙被夷为平地，祭祀重器被彻底焚毁，战俘及其子孙世代沦为奴隶，所谓"人夷其宗庙，而火焚其彝器，子孙为隶，不夷于民"④。胜利者不但掠夺财物，而且掠夺奴隶，还要"更易其俗"，这完全不再是血亲复仇或生存空间的争

---

① 参见罗琨、张永山《夏商西周军事史》，军事科学出版社，1998，第49页。
② 《淮南子·修务训》。
③ 《墨子·非攻下》。
④ 《国语·周语下》。

夺,而是对异民族赤裸裸的征服。战争的目的转变为掠夺生产资料和从事阶级奴役,这意味着原始战争的终结,新的阶级社会战争已是呼之欲出了①。

甘之战与阶级战争的登场

夏禹因征伐三苗战争的胜利和治理洪水的成功而树立了很高的个人威望,同时也赢得了极大的权力。随着社会生产力的发展,私有制普遍出现了,社会阶级分化日益明显,初步形成了奴隶和奴隶主两大阶级。在这种历史背景下,夏禹就不再遵从旧的"禅让制"传统,把部落首领的位置禅让给其他贤人,而是将权力宝座移交给自己的儿子夏启,建立起中国第一个"家天下"王朝②。这一举动,标志着国家的正式形成,中国历史从此由原始社会迈入了阶级社会。

传统是一种巨大的惰性力量。面对这种翻天覆地的社会形态变革,代表旧的传统的势力自然不会甘心,而总是要千方百计进行反抗,甚至不惜诉诸武力,以恢复和维护旧的传统。有扈氏即充当了这种势力的急先锋。

关于有扈氏的来历,历史上有两种说法,一种说

---

① 参见黄朴民《孙子兵法与古代战争》,载《浙江学刊》1996 年第 5 期。
② 关于夏禹传子的问题,古史记载多有分歧。一说,夏禹本人还是遵循"禅让"制度的,将权力传授给东夷集团的伯益,然而,夏启不满伯益继位,用武力攻杀伯益,夺取权力,建立起夏王朝(参见《古本竹书纪年》等)。

它是夏的同姓氏族，另一种则断言它为夏的异姓部落①。其实这并不重要，问题的要害是它不服夏启接替夏禹掌权的做法，因而带头起兵反抗夏启的统治，企图凭借武力恢复过去的氏族公社制。

夏启当然不能坐视有扈氏的挑战，他决心向有扈氏开刀，维护自己的权威，巩固自己的统治。于是，夏启迅速做出了出兵平叛的决策，统率大军杀向有扈氏盘踞的地盘。有扈氏也立刻带领自己的人马倾巢出动，准备与夏启的军队一决胜负。

双方军队在甘（今陕西户县西南）这个地方遭遇，一场生死存亡的大决战一触即发。夏启毕竟更富有政治、军事斗争经验。他在临战前夕举行了军中誓师活动，宣布战场纪律，进行战斗动员。这就是著名的《甘誓》，其誓师词云："嗟！六事之人，予誓告汝：有扈氏威侮五行，弃怠三正。天用剿绝其命。今予惟恭行天之罚。左不攻于左，汝不恭命；右不攻于右，汝不恭命；御非其马之正，汝不恭命。用命，赏于祖；弗用命，戮于社。予则孥戮汝。"②

夏启的这篇《甘誓》申述了其征伐有扈氏的缘由以及战略目的，强调了作战纪律。部下听了之后，个个都明白了利害关系，从而形成了克敌制胜的统一意志。战争的进程表明，夏启的战前动员收到了很好的效果。

----

① 参见陈剩勇《中国第一王朝的崛起》，湖南出版社，1993，第396页。
② 《尚书·甘誓》。

战斗打响了，夏启的部队在严格的军纪约束下，个个奋勇争先，全力杀敌。几个回合交锋下来，有扈氏的部队便阵脚大乱，全线崩溃。夏启乘胜进击，扩大战果，灭亡了有扈氏，取得了甘地之战的彻底胜利。

夏启在甘地之战中赢得全胜，在于他所代表的是新兴阶级势力的利益，而这又是和社会发展的方向相一致的；在于他进行了扎实必要的战前动员，申明军纪军法，调动了众多参战人员的战斗积极性；在于他正确部署了兵力，实施比较高明的车兵作战战术指挥。同样，有扈氏的失败也不是偶然的，其关键就是他逆历史潮流而动；而其在作战指导方面也显得消极被动，既不见其进行战前动员，又不见其做到灵活机动、因敌变化。这样一来，胜利的天平自然也向夏启的一边倾斜了。

甘地之战沉重地打击了旧的传统势力，粉碎了他们恢复"禅让制"的企图，从此，"天下咸朝"①，夏王朝的统治大大得到了巩固，使国家的形成成为不可动摇的事实，保证社会历史继续向前发展。从这个意义上说，甘之战是中国战争发展史上的又一座里程碑。从此，"国之大事，在祀与戎"②，战争作为阶级斗争的最高表现形式，占据了整个社会活动中的显著地位，成为历史发展的最直观表现形态，而中国古代的军事学术也随着战争的频繁与进步，不断发展，逐渐成熟。

---

① 《史记·夏本纪》。
② 《左传·成公十三年》。

鸣条之战：最早的王朝更替战争

《易经·革卦》彖辞云："汤武革命，顺乎天而应乎人。"这里所说的"汤"，就是中国历史上第二个统治王朝的开基者商汤，他曾经领导商部落及其同盟者，运用战争的暴力手段，一举推翻垂死腐朽的夏王朝，建立起新的统治秩序。这场战争，就是历史上著名的鸣条之战，作为典型的王朝更替战争，它是通过"伐谋"、"伐交"、"伐兵"、"用间"诸多手段的综合运用，而顺利实现灭夏兴商既定战略目标的。

夏启攻灭有扈氏之后，夏朝的统治基本上稳定了下来。但是，普天之下没有铁打永固的江山，夏王朝在经历了太康失国、后羿代夏、少康中兴等重大变故后，一步步走向衰微。大约400年之后，夏桀登上了君主的宝座。这位夏朝的末代君主，任用嬖臣，骄侈淫逸，对广大民众及所属方国部落进行残酷的奴役压榨，激起臣民的强烈憎恨，民众愤慨地诅咒他"时日曷丧，予及女皆亡"①。这表明夏王朝的统治已处于分崩离析的危机之中。

同夏王朝的衰落形成鲜明对比的是，它周边的方国商则羽翼丰满，迅速崛起。经过契、相土、冥、上甲微等历代首领和广大族众的努力开拓，它逐渐强盛起来，并初步形成了早期国家规模，到夏桀在位期间，

---

① 《史记·夏本纪》。

它已由夏的属国演变为足以与之抗衡的对手，在其雄才大略、众望所归的首领商汤领导下，商实力得到了显著的加强，其作为中原地区新统治者的地位已是呼之欲出。商汤遂顺应时势，及时将部族统治中心迁徙到亳地（今河南商丘北），开始筹措攻伐夏朝的战略大计。

商汤首先在政治上采取了争取民众和与国的政策，开展了揭露夏桀暴政罪行的强大政治攻势，为日后鸣条之战的胜利奠定了坚实的政治基础。在军事战略上，商汤在贤臣伊尹、仲虺等人的有力辅佐下，巧妙谋划，"先为不可胜，以待敌之可胜"[1]，积蓄力量，伺机破敌。这具体表现为：第一，做到知彼知己，计出万全。为了了解夏桀集团的内部情况，商汤开展"用间"活动，派遣伊尹多次打入夏桀内部，充当间谍，掌握夏朝内部"上下相疾，民心积怨"的混乱状况，为有针对性地实施自己的战略方针创造了前提。第二，先弱后强，由近及远，逐一剪除夏桀的羽翼，孤立夏后氏，完成对它的战略包围。商汤把第一个打击的目标指向了夏的属国葛（今河南宁陵北），以替童子复仇的名义起兵消灭了葛国，这既翦除了夏的一个羽翼，检阅了自己的军事力量，又大大提高了商汤自己的政治威望，各地老百姓像"大旱之望甘霖"一样盼着商汤大军的到来。商汤便趁热打铁，又集中兵力逐次灭亡了韦（今河南滑县东）、顾（今山东鄄城东北），并攻灭夏

———————

① 《孙子·形篇》。

在东方的最后一个支柱，即实力较强的昆吾（今河南许昌附近），"十一征而无敌于天下"[①]，从而基本上完成了对夏桀的战略包围。

待准备就绪，时机成熟，商汤便将自己的伐桀行动付诸实施。大约在公元前1726年左右，商汤兴师攻伐夏桀，揭开了鸣条之战的序幕。战前，商汤效仿当年夏启征伐有扈氏时的做法，举行了隆重的誓师活动。在誓师大会上，他发表了一篇义正词严、大气磅礴的训词，一一列举夏桀破坏生产，施行暴政，盘剥民众的罪行，"夏王率竭众力，率割夏邑"。申明自己是秉承天意征伐夏桀，目的是拯救民众于水火之中。"有夏多罪，天命殛之"；"予畏上帝，不敢不正"。同时商汤还宣布了严格的战场纪律和作战要领，"尔尚辅予一人致天之罚，予其大赉汝。尔无不信，朕不食言。尔不从誓言，予则孥戮汝，罔有攸赦"[②]。这番誓师，和当年的《甘誓》实有异曲同工之妙，极大地振奋了士气，鼓舞了斗志。

战前誓师仪式结束后，商汤便动用作战性能良好的兵车七十乘，能征惯战的敢死队6000人[③]，会同各同盟国的参战部队，采取大迂回战略，"以迂为直"，迅速绕道到夏都以西，出其不意，攻其无备，突袭夏桀的老巢。

商汤大军压境的消息终于传入夏都，一直沉溺于

[①] 《孟子·滕文公上》。

[②] 《尚书·汤誓》。

[③] 《吕氏春秋·简选》："良车七十乘，必死六千人。"

醇酒美人温柔之乡的夏桀这时才如梦初醒，方寸大乱，被迫仓猝应战，统帅一批早被歌舞升平生活消磨尽了战斗力的将士，西出抵御商汤的进攻。于是两军乃在鸣条（在今山西安邑一带，一说在今河南洛阳附近）地区相遇，展开了一场具有决定性意义的战略会战[①]。

据有关史籍记载，鸣条之战异常残酷、激烈，但毕竟是商汤麾下的将士在各方面都占有明显的优势，这既表现为必胜信念的拥有，杀敌勇气的旺盛，也体现为训练有素、武艺高强，夏桀的军队根本不是这些"必死"之士的对手。在商汤大军的冲杀之下，夏桀的主力终于溃不成军，一败涂地。商汤就这样一举攻克了夏邑，赢得了鸣条决战的胜利。

夏桀见大势已去，被迫退却归依于属国三朡（今山东定陶东一带）。商汤发扬速战速决、连续作战的作风，适时展开战略追击，挥师南下，对溃逃的夏桀残部实施打击，攻灭了三朡。穷途末路的夏桀，只得率极少数徒党仓皇奔逃南巢（今安徽寿县南）[②]。他忧怒交加，不久便病死在那里，夏王朝至此宣告彻底覆灭。商汤回师西亳（今河南偃师西），召开了有众多诸侯参加的"景亳之命"大会，取得了天下共主的地位，在

---

① 关于鸣条之战的地点，古今学术界看法一直有分歧，我们认为鸣条在今山西安邑附近之说较有说服力。详可参见《尚书·汤誓》孔安国序，孙淼《夏商史史稿》，文物出版社，1987，第316～319页。

② 南巢地望，学术界也一直有争论，意见纷纭，莫衷一是。罗琨、张永山的《夏商西周军事史》认为，南巢当指今安邑之东的中条山，可备一说。

夏王朝的废墟之上，一个新的强盛的统治王朝——商朝终于建立起来了。

鸣条之战是中国历史上第一场典型的新旧王朝更替战争，商汤伐桀灭夏，创建商朝，这在当时是合乎民众的愿望的，客观上推动了历史的发展，因此得到后人的肯定和赞扬，被认为是"以仁讨不仁，以义讨不义"，吊民伐罪、顺天应人的典范。同时，商汤在此战中所反映出来的知彼知己、先弱后强、把握战机、连续作战、战略追击等卓越指挥艺术，对后世战争的实践和兵学理论的构筑，也都产生了非常深远的影响①。

牧野之战的战略与战术

商汤所建立的殷商王朝，在历经了初兴、中衰、复振、全盛、寝弱诸阶段后，到了商纣王（帝辛）即位期间，已滑向了全面危机的深渊。在纣王的统治下，殷商王朝政治腐败，经济凋敝，刑罚酷虐，连年对外用兵，民众负担沉重，痛苦不堪；贵族集团内部矛盾重重，分崩离析，从而导致了整个社会动荡不安，出现了"如蜩如螗，如沸如羹"②的混乱局面。

与商王朝奄奄一息形成鲜明对比的是，商的西方属国——周的国势正方兴未艾，如日中天。周兴起于

---

① 参见黄朴民《先秦喋血》，华夏出版社，1996，第16页。
② 《诗经·大雅·荡》。

豳、岐（今陕西境内），经过公刘、古公亶父、王季等人的长期经营，迅速走上强盛的道路，其势力甚至渗透到南方的江汉流域①。文王姬昌即位后，任用熟悉商朝内部情况且深怀韬略的贤士吕尚（即姜太公），"阴谋修德以倾商政"②，积极从事伐纣灭商的准备工作。

文王为牧野之战的展开及"翦商"大业的完成奠定了坚实的基础。在政治上他积极修德行善，裕民富国，罗致人才，发展生产，"笃仁，敬老，慈力"③；"礼下贤者，日中不暇食以待士"④；"文王之治岐者，耕者九一，仕者世禄"⑤，从而赢得人们的广泛拥护，巩固了内部的团结。在修明内政的同时，他向商纣发起了政治与外交攻势：请求商纣废弃"炮烙之刑"，争取与国，孤立商纣。文王曾公平地处理了虞、黄两国的土地纠纷，还颁布了"有亡荒阅"（搜索逃亡者）的法令，保护有产阶级的利益。通过这些措施，文王扩大了自己的政治影响，瓦解了商朝的附庸，取得了"伐交"斗争的重大胜利。

在处理商周关系问题上，文王表面上恭顺事商，以麻痹纣王。他曾率诸侯朝觐纣王，并以虔诚的态度

---

① 徐中舒先生认为太伯、虞仲奔吴，系周人灭商战略的组成部分，"余疑太伯、仲雍之在吴，即周人经营南土之始，亦即太王翦商之开端"（《殷周之际史迹之检讨》，《中央研究院历史语言研究所集刊》，第7本第2卷）。

② 《史记·齐太公世家》。

③ 《史记·周本纪》。

④ 《史记·周本纪》。

⑤ 《孟子·梁惠王下》。

祭祀商人祖先，向商室显示所谓"忠诚"。同时大兴土木，"列侍女，撞钟击鼓"①，用醉生梦死、贪图享乐的假象欺骗对手，诱使其放松警惕，并从纣王那里取得专征诸侯的特权，"赐弓矢斧钺，使得征伐，为西伯"②，以确保灭商准备事宜能够在暗中顺利进行。

在此基础上，文王在姜太公的辅佐下，制定了正确的军事战略方针，其第一个步骤，是由近及远，先弱后强剪除商室的羽翼，对商都朝歌（今河南淇县）形成战略包围态势。为此，文王首先向西北和西南用兵，相继征服犬戎、密须（今甘肃灵台）、阮、共等方国部落，开拓疆土并消除后顾之忧。接着，他组织军事力量向东发展，越渡黄河，先后勡灭黎（今山西长治西南）、邘（今河南沁阳西北）诸国，一举攻灭商在西方的最重要属国——崇，打开了进攻商都朝歌的通路。接着，文王把都城从岐迁徙到丰（今陕西户县东），建立起新的进攻基地，至此，周已处于"三分天下有其二"的有利态势，灭商只是一个时间迟早的问题了。

文王去世后，其子姬发即位，是为周武王。他继承乃父的遗志，坚定地遵循既定的战略方针，并一一具体落实。

当时纣王本人也感觉到来自周人的威胁，拟议对周用兵，曾以田猎的形式在黎检阅部队，炫耀武力，

---

① 《资治通鉴外纪》卷二。
② 《史记·殷本纪》。

然而这一计划却因东夷族的反叛而化为泡影。为平息东夷的反叛，纣王调动主力进击东夷，结果造成西线防御的极大空虚。武王利用这一机会，联合诸侯东向观兵至于盟津（今河南孟县西南），有八百诸侯参加会盟。这是一次成功的军事大演习，表明武王的盟主地位已完全确立，已有能力组织强大的军事力量灭商。但为慎重起见，武王没有立即发兵攻商，而是继续等待时机。两年后，商朝廷内部的矛盾呈现白热化，纣王饰过拒谏，残杀忠臣，导致众叛亲离，四面楚歌，武王遂最后下定决心，揭开了伐纣之役的序幕。

约公元前 1027 年正月①，周武王统率兵车三百乘，虎贲三千人，甲士四万五千人，杀向商王朝的腹心地区。同月下旬，周军进抵盟津，在那里与反商的庸、卢、彭、濮、蜀（均居今汉水流域）、羌、微（均居今渭水流域）、髳（今山西平陆南）等方国部落的军队会合，尔后，武王率本部及协同作战的方国部队，迅速东进，渡过黄河，兵锋直指朝歌。仅仅用了六天时间，于当年二月初进抵牧野。

周军进攻的消息传至朝歌，引起商廷上下一片惊恐，纣王仓猝部署防御，但此时商军的主力远在东南地区，不得已武装起大批奴隶，连同留守国都的商军共约十七万人，由纣王自己率领，开赴牧野前线迎战周军。

二月初五（甲子日）清晨，周联军布阵完毕，庄

---

① 关于武王伐纣的年份，有多种说法，此处取较为传统的看法。

严誓师，史称"牧誓"。武王在誓词中声讨纣王的种种罪行，以激发起从征将士的敌忾之心与高昂斗志："惟妇言之用，昏弃厥肆祀，弗答；昏弃厥遗王父母弟，不迪；乃惟四方之多罪逋逃，是崇是长……俾暴虐于百姓。"[1] 接着，武王又郑重地宣布了作战中的战术要领与军事纪律："今日之事，不愆于六步、七步，乃止，齐焉；不愆于四伐、五伐、六伐、七伐，乃止，齐焉……弗迓克奔，役于西土。"[2]

誓师完毕，武王下令向商军发起总攻击。面对"殷商之旅，其会如林"[3] 的优势之敌，武王先派遣姜太公率领少量精锐突击部队向商军"致师"挑战，以牵制迷惑敌人，并打乱其阵脚[4]。商军"皆无战心"，甚至不乏人掉转戈矛，"倒兵以战"[5]，商军的阵形因此而陷于混乱。武王乘势以"大卒（主力部队）冲驰帝纣师"[6]，杀得商军丢盔弃甲，"血流漂杵"，十七万之众顷刻土崩瓦解，纣王见大势尽去，遂弃军逃窜回朝歌，于绝望中登上鹿台放火自焚。纣王一死，商军残兵就停止了最后抵抗，周联军在武王统率下顺利攻占朝歌，灭亡了曾经强盛一时的殷商王朝。

牧野之战在战略与战术上都有可圈可点之处。周

---

① 《尚书·牧誓》。
② 《尚书·牧誓》。
③ 《诗经·大雅·大明》。
④ 这种用小股精锐部队向对手进行挑战的军事行动，古代军事术语称之为"致师"。
⑤ 《史记·周本纪》。
⑥ 《史记·周本纪》。

文王、周武王长期运用"伐谋"、"伐交"策略手段的结果，起到了争取人心，剪敌羽翼，麻痹对手，建立反商同盟的积极作用。周军制胜的又一个要素，是正确选择了作战的时机，即趁商军主力远征东夷未还，商王朝内部分崩离析之时，果断下定决战的决心，统率联军实施战略突袭，从而使对手在战略、战术上都陷入劣势和被动，无法进行有效的抵抗。同时，举行战前誓师，历数纣王罪状，宣布作战行动要领和战场纪律，起到了鼓舞士气、瓦解敌人的作用。而在牧野会战的具体作战指挥上，周军又善于做到众寡分合，灵活机动，奇正并用，协同策应，乘胜追击，主动积极打击敌人，胜利地达成战役的目的。总之，在"血流漂杵"的表象背后，所能看到的是这场战争中谋略运用的巨大成功，战术指挥的高明卓越。

"牧野洋洋，檀车煌煌，驷騵彭彭。维师尚父，时维鹰扬，凉彼武王，肆伐大商，会朝清明。"① 牧野之战终止了殷商王朝 600 余年的统治，确立了周王朝对中原地区的统治秩序，为周代古典礼乐文明的全面兴盛开辟了道路，而此战中所体现的军事谋略和作战艺术，也对古代军事学术的发展产生了深远的影响。

 周公东征的作战指导特色

牧野之战完成了新旧王朝的更替，但是从当时整

---

① 《诗经·大雅·大明》。

个形势来看，旧的殷商势力仍非常强大，周人的统治基础远远没有得到巩固。只有到了周公东征，彻底摧毁殷商反抗势力，平息王室内部叛乱后，才最终稳定了周的统治，真正完成了灭商大业。从这个角度讲，周公东征是意义重大的第二次灭商战争①。

在《尚书》中，周人自称为"小邦周"②，而把殷商称为"大邦殷"。可见武王伐纣的胜利，这当然是不容易的，而以"小邦周"实现对"大邦殷"的统治，那就更为困难。武王审时度势，在牧野之战后对商王畿地区实行间接统治。他把商畿分为三个部分，邶（北部）、鄘（东部）、殷（西部），封纣王子武庚于邶，令管叔鲜治鄘，蔡叔度治殷。并委任管叔、蔡叔、霍叔三人为武庚的傅相，监视武庚，号称"三监"。

灭商后二年，周武王去世，其子姬诵继位，是为成王。成王年幼，武王之弟周公姬旦摄政，代成王行事。这掀起了一场轩然大波。武王次弟管叔素有野心，他对周公摄政殊为不满，乃四处散布谣言，声称周公"将不利于孺子"。

管、蔡等人的所作所为，为殷商旧势力进行武装叛乱打开了绿灯。武庚这时见有机可乘，便联合地处东方的一些诸侯国（徐、奄及熊盈氏17国，在今河南东部、山东西部、安徽、江苏北部一带），公开扯起了叛乱的大旗。

---

① 黄朴民：《先秦喋血》，华夏出版社，1996，第23页。
② 《尚书·大诰》。

在社稷危急存亡的关键时刻,周公旦肩负起保卫与巩固周王朝政权的重任。他果断采取措施,兴师东征,彻底平定叛乱。

从现存史料考察,可知周公东征前后历时三年,大致经历了三个主要阶段。①

第一阶段,是"救乱、克殷",即消灭武庚、管蔡叛乱势力。周公东征的第一个打击目标,是叛乱的策源地原殷商王畿地区。周公统率东征大军出动后,兵锋直指邶地。周军所到之处,武庚的叛乱武装便分崩离析,全线溃败,武庚本人也落得个身死国灭的可悲下场。与此同时,周分兵一路直取管叔驻地鄘,管叔负隅顽抗,驱众抗拒王师,但在王师凌厉进攻面前,叛军丢盔弃甲,一败涂地,王师占领鄘地,杀死管叔。接着,周军又攻克了蔡叔驻地殷,生擒蔡叔。至此,武庚和三叔发动的叛乱,被很快平息,东征之战的首要战略目标胜利实现。

第二阶段,讨平淮夷,扩大周王室的势力范围。周公在征服殷商故地后,决定东伐在三监之乱中支持叛乱的商盖和淮夷。此时辛公甲提议道:"大难攻,小易服;不如服众小以劫大。"② 周公采纳了这一建议,决定先攻淮夷。为此周公挥师东南向,大举进攻淮夷(熊盈氏族)诸小国。淮夷地处淮河下游,该地区地势低洼,河流湖泊纵横,周师西来,车兵行动实受限制,

---

① 参见罗琨、张永山《夏商西周军事史》,军事科学出版社,1998,第 236~245 页。

② 《韩非子·说林上》。

不如在殷故地那么方便，人马也有水土不服的情况。因此，征伐淮夷的作战，并未像预料中的那样速战速决。但面对困难，周公东征的决心毫不动摇，经过连续作战，终于征服了淮夷，"凡所征熊盈族十有七国，俘淮九邑"①，取得了东征之役第二阶段的胜利。

第三阶段是"践奄"，将周王室统治推进到东方地区。在征服了淮夷诸小国后，周公挥师北方"践奄"，讨平东方最后一个叛乱据点。奄，又名商奄，地居今山东曲阜一带，是一个比较强大的方国。三监叛乱爆发后，奄积极参与其中，成为周在东方的一个劲敌，所以自然也是周公东征中的重要打击对象。此时，周师已占领了奄国西、南两面的邻国，对其构成战略包围，奄已处于孤立的不利局面。故当周师进迫奄城时，奄君束手无策，只好投降②。奄国灭亡后，丰、薄姑等诸方国亦相继归附，周王朝的统治势力一下子扩大到了渤海、黄海边上。至此，历时三年的周公东征，以胜利而宣告结束。

周公东征战争，是武王伐纣战争的继续，对于周王朝的巩固和发展具有决定性的意义。作为战争指导者周公，在这场关系到周王朝命运前途的战争中表现出卓越的政治远见和杰出的军事才能。在政治上，周公面对来势汹汹的武装叛乱，沉着冷静，计出万全，

---

① 《逸周书·作雒解》。

② 说"践奄"是残酷厮杀后才达成目标的，即"践之者，籍之也。籍之谓杀其身，执其家，潴其宫。"（《尚书大传·成王政》）

不顾人们的怀疑和诽谤，断然下定东征平叛的决心，同时妥善处理好内部问题，发布《大诰》，申明武力平叛的必要性，耐心做召公等大臣的工作，争取他们对自己决策的理解与支持，统一思想，一致对敌，从而为东征的顺利展开创造了政治上的前提，这充分显示了周公政治上的成熟和魄力。

在军事上，东征之役也体现了相当高的指挥水平与战术运用能力。是役，周公善于分析形势，把握全局，深谋远虑，捕捉战机，做到以强击弱，以大攻小，乘叛乱者没有形成统一指挥的强大力量之机，当机立断，凭借优势兵力各个击破敌人。具体地说，他首先集中兵力攻打叛乱的首恶者、策动者，实施"擒贼先擒王"的作战方针，这是符合当时征战性质与战争情势的，所以立见成效，为取得东征之战的全胜奠定了基础。在消灭首恶集团之后，周公根据敌情，采取了先攻弱敌，后打强敌的方针，保证了作战行动的循序渐进，迭获成功。在取得连续攻战的胜利后，周公又能因势利导，对孤立之敌——商奄采取军事威慑与政治攻势双管齐下的策略，迫敌投降，从而以较小的代价换取最大的胜利。所有这一切，都表明周公不愧为历史上杰出的政治家和军事家，他所指挥的东征平叛战争是一场既有进步意义又有重大军事创见的经典战例。

二 "争霸"与"兼并"的
战争主旋律变奏

——春秋战国时期著名战例巡礼

 晋楚争霸战争的来龙去脉

大国争霸是春秋历史的主旋律。一部春秋史,在某种意义上可以理解为大国争霸战争史。当时的诸侯列强为了在会盟仪式上成为"执牛耳者",争夺霸主的名号,控制其他中小国家,曾持续不断地从事征伐活动,先后爆发了一系列激烈的战争。

在大国争霸战争中,晋、楚两国扮演了主要的角色,春秋争霸战争,其实就是晋楚两国争夺中原霸主的冲突与斗争。在双方争霸过程中,有三次大的战役具有里程碑式的意义,它们是城濮之战、邲之战和鄢陵之战。这中间晋国一方赢得了城濮之战、鄢陵之战的胜利,而楚国则打赢了邲之战。三场战争的胜利归属,都反映出很高的战略指导与战术运用水平,在一定程度上可以看成是春秋争霸战争军事学术发展的一个缩影。

　　城濮之战是我国春秋时期晋、楚两国为争夺中原霸权而进行的第一次战略决战。它对当时中原局势的演变具有重大而深远的影响。这就是使屈服于楚国的鲁、曹、卫、陈、蔡、郑诸国脱离楚国，重新回到中原集团，结束了齐桓公死后十余年间中原"诸侯无伯"的混乱状态，确立了以晋为伯的相对和平稳定局面。同时也决定了楚国最终不能独霸中原的命运。自此之后，在晋国的领导下，中原诸侯与楚国抗衡达100年左右，春秋历史进入了晋、楚长期争霸中原、互有攻守、相持不下的阶段。从这一点上说，城濮之战的意义远远超出了一次重大战役的本身。

　　在城濮之战中，楚军在实力上占有相对的优势，但是由于晋军善于"伐谋"、"伐交"，并在战役指导上采取了正确的扬长避短、后发制人的方针，从而最终击败了不可一世的楚军，"取威定霸"，雄踞中原。由此可见，双方在这场决战中的胜败，不在于军力的数量，而在于战争主观指导的正确和错误。

　　楚国在泓水之战获胜后，已威震中原，俨然如同霸主。故宜乘势展开政治攻势，采取善邻政策，以调解中原诸侯之间矛盾为己任，争取各诸侯国向心于楚；而以军事威胁作为辅助手段，不宜轻易出兵攻伐。若此，则以楚国当时的军力与国势是有可能独霸中原的。但楚国不善于运用政治策略，处理好政治与军事两种手段的巧妙结合，只一味仰仗军事力量和征服手段，企图单纯以武力压服他国，这就导致了在政治上陷自己于孤立的地位。

　　城濮之战的起因是齐鲁冲突，当时，楚国既应鲁国的请求出兵伐齐救鲁，就应该以齐为主要打击目标，集中力量对齐，然后西向击破晋、秦，先弱后强，各个击破，而不应半途改变主要攻击方向，去对付宋国。因为在宋背楚向晋的情势下，攻宋势必引起晋的干预，楚会提前与强晋交锋，陷于被动。但楚国君臣不能审时度势，贸然分兵伐宋、伐齐，这样就犯了两线作战的错误。另外，楚军在泓水之战胜利后骄傲自满，不重视争取与国和利用同盟军，既得不到鲁国等同盟军的配合策应，又轻率拒绝齐、秦的调停，为丛驱雀，陷于外交上的孤立，在战略指导上犯下无可挽回的错误。

　　当晋出师救宋之势已成，楚本当相应及早放弃围宋作战，集中优势兵力以对付晋军。如在晋军渡河侵卫时，楚军若以优势兵力救卫，也许能挫败晋军的锋芒；或者当晋师攻曹时，若以大兵迫晋军于曹都城下决战，亦有可能胜晋。因为当时齐、秦两国尚未打破中立，晋军远道征战，势单力孤，楚若能和鲁对晋实施夹击，则晋军处境将十分不利。无奈楚留恋围宋，顿兵挫锐于坚城之下，坐失时机，终陷被动。

　　在晋已攻占曹、卫、并取得齐、秦出兵相助之际，楚战略上处于被动之形势已经明朗。楚成王决心退却是正确的，但楚军前敌统帅子玉却囿于个人名利地位，不顾大局，不听训令，刚愎自用，骄躁轻敌，遂加速了战局的恶化。而楚成王既已决心退却，却又抱侥幸取胜心理，未能坚决制止子玉的错误，也不增派更多的军队。这种内部的分歧以及由此引起的指挥混乱，对于一支军队陷于失败的命运是决定性的因素之一。

楚军的作战指导也笨拙呆板，缺乏机动灵活性。它为对手晋文公决战前夕"退避三舍"的策略所迷惑，大举追击，既劳师疲众，又失道亏理，实为被动的做法。在战场上，楚军主将也只是固守一般战法，列阵对战，对战场上出现的异常情况不能及时判明真相，识破对方企图，灵活采取对策，而为对方的诡道战术所诱骗，陷入混乱和被动。当左、右军遭到攻击，情况危急之时，主力中军却按兵不动，未作及时策应，致使左、右军被晋军逐个歼灭。

总之，楚军方面君臣不睦，将骄兵惰，君主昏庸无能，主帅狂妄轻战，既不知妥善争取与国，又不能随机多谋善断，加上作战部署上的失宜，军情判断上的错误，临战指挥上的笨拙，终于导致了战争的失败，将自己在争霸中原中的优势地位拱手让人，给后人留下了极其深刻的教训。

晋军的胜利，首先胜于政治，即在政治清明的前提下，善于运用政治谋略。晋文公即位后，稳定内部，改良吏治，选拔和任用了一批智能之士，又采取了正确的对外政策，尤其是抓住周襄王处于危难中的良机，出兵勤王，一下子把"尊王"的旗号掌握到手中，拥有了团结中原诸侯的重要的政治资本。同时把握机遇，应宋的请求出兵抗楚救宋，从而举起了"攘夷"这面大旗，这样，晋文公便造就了自己继承齐桓公"尊王攘夷"事业的诸侯之伯的形象，这对争取中原诸侯向晋靠拢是关键的步骤。另外，晋国的取胜也有其深厚的经济和军事原因。晋国在统一后几十年中，经济有了较大的发展，军队逐渐得到扩充，尤其是在实行"作爰田"、"作州兵"两项改革后，国力发展加快，晋文公又在数年之内"轻关易道，通商宽农"，"省用足财"，教民"知义"、"知信"、"知礼"，成为"可用"之民，从而能在城濮之战前夕"作三军"，建立起一支强大的军队。另外，晋国从西周建国后，一直和戎、狄相邻，晋国的军队习惯了戎、狄的生活方式，而且在长期和戎狄部族的作战过程中，锻炼了晋军的作战能力，培养了士兵强悍善战的风气，使晋军成为一支具有强大战斗力的部队，其内部和睦团结，指挥统一而又机动灵活，纪律严明，作战英勇，临战又谨慎对敌，不骄不躁，这些条件都是楚军所不及的。晋文公出兵抗楚救宋，就是建立在这样的政治、经济和军事条件的基础之上的。

城濮之战初期，晋军兵力劣于对手，又渡过黄河在外线作战，处于相对不利的地位。但是晋文公能够善察战机，虚心采纳先轸、狐偃等人的正确建议，选择邻近晋国的曹、卫这两个楚之与国为突破口，采取先胜弱敌，调动楚军北上，解救宋围的作战方针，从而取得了以后作战的前进基地。随后又根据楚军没有北上，解围目的未曾达到这一新的形势，审时度势，及时运用高明的谋略争取齐、秦两个大国与自己结成统一战线，并激怒敌人，诱使其失去理智而蛮干，从而使晋军夺取了军事上的主动权，为赢得决战的胜利奠定了牢固的基础。

当城濮决战之时，晋军敢于贯彻诱敌深入、后发制人、伺机聚歼的作战方针，主动"退避三舍"避开楚军的锋芒，以争取政治、外交和军事上的主动，诱敌冒险深入，伺机决战。同时赢得齐、秦、宋各国军队在战略上的遥相呼应，给敌以精神上的压力，并集中兵力，鼓励士气。一切就绪后，又能针对敌人的作战部署，利用敌人内部不团结的错误和兵力部署上的过失，乘隙蹈虚，灵活机智地选择主攻方向，集中优势兵力率先攻打敌人的薄弱环节，并迅速加以击溃，带动全局，扩大战果，予敌各个击破，从而获得了这场关系到晋、楚命运及中原形势的战略决战的辉煌胜利。

邲之战是春秋中期的一次著名会战，是当时两个最强大的诸侯国——晋、楚争霸中原的第二次重大较量。在作战中，楚军利用晋军内部分歧、指挥无力等弱点，适时出击，战胜对手，从而一洗城濮之战失败的耻辱，在中原争霸斗争中暂时占了上风。至于楚庄王本人，也由于此役的胜利，无可争辩地挤入史书称道的"春秋五霸"之列。

邲之战的胜负与城濮之战不同，但胜负的原因，两场大战却有某种类似处，即胜负不是由于双方军力强弱的悬殊，而是在于双方战争指导者主观指挥上的正确或谬误。晋军遭受失败，一是由于援郑之师出动时机过迟，尚未渡河而郑都已破，楚军已从围郑中解脱出来，可以集中兵力，主动地对晋军作战。即所谓主客地位不同，晋军一开始即处于被动。二是内部将帅不和，意见分歧，主帅荀林父缺乏威信且遇事犹豫不决，不能集中统一指挥，为部属强迫被动应战。三是晋方轻信楚军的求和请求，在和谈尚未取得成功之时放松戒备，丧失警惕，给敌人以可乘之机。四是当个别部将的擅自挑战引起战斗全面爆发后，晋军统帅惊慌失措，轻率下令渡河退却，自陷危险。五是军队在敌人威胁下渡河，既未能组织战斗击退敌人，又未能妥善实施防御掩护退却，导致一片混乱，损失颇重，由此而丧失作战的主动权，陷于失败。

楚军的胜利，则在于战略指导和作战指挥的高明一筹，楚军在围郑之前，即已在蔡地建立了战略前进基地，有了在中原持久作战的准备。故围郑之战持续数个月后，仍能保持军队较旺盛的战斗力。楚军在晋军渡河前即已完成集中和战备，形成了以有备临无备的优势。楚庄王亲自统率楚军，指挥集中统一，不像晋军那样各自为政。楚庄王又善于利用晋军内部战和不定、意见分歧的弱点，在战前一再遣使侦察晋军的虚实，并佯作求和以争取政治上的主动和松懈晋军的防卫。在作战中，又抓住晋军擅自挑战者的轻妄行动，由小战变为大战，迅速展开奇袭突击攻势，一举击败了晋军。至于有的论者以为楚军没有实施猛烈的追击，以致未能取得更大的战果。这其实是不谙春秋前中期作战遵循"逐奔不远，纵绥不及"军礼原则而产生的误解。在当时军礼原则的规范下，楚军只能是"不穷不能"，而无法脱离具体历史条件去聚歼晋军。

邲之战的影响和意义都不及城濮之战。是役楚虽胜晋，但并未予晋军以歼灭性打击；晋军虽败，但并未真正大伤元气。这就为尔后的晋继续与楚争战保存了相当的余力。

鄢陵之战是晋、楚争霸中的第三次战役，也是最后一次的两国军队主力会战，此后虽仍有湛阪之战、三驾之役等战事，但其规模与影响均不能与城濮、邲、鄢陵诸战相比，故鄢陵之役在历史上具有重要的意义，它标志着楚国对中原的争夺从此走向颓势；晋国方面虽然借此得以重振霸业（即所谓的晋悼公复霸），但其对中原诸侯的控制力也逐渐减弱了。

在鄢陵之战中，晋方谋定而后动，先计后战，善察战机，巧妙实施指挥，击败同自己争霸中原的老对手——楚国，进一步巩固了自己在中原地区的优势地位，使其军事势力发展到鼎盛。这场战争后，晋、楚两国都因各自的内外条件变化，而逐渐失去以武力争霸中原的强大势头，中原战场开始相对沉寂下来。从这层意义上说，鄢陵之战也可以称作当时晋楚争霸的最后一幕。

楚军遭到这场会战失败的原因归结起来有以下几点。第一，战略上一开始即陷入被动地位。当时除郑国外，中原较重要的诸侯国如齐、鲁、宋、卫诸国均已集结在晋国的旗帜之下，形势明显对楚不利。而楚国又缺乏对晋国根本战略意图的了解，为晋虚假的和好姿态所迷惑。与晋举行西门之盟，自我毁坏秦楚联盟，使得晋从容战胜秦国，并进而专力对付楚国。加上吴国在侧后进行掣肘，楚国实际上已处于多面受敌的状态。在这种恶劣的战略环境下与晋决战，其胜算本来就是微乎其微。第二，在具体军事决策方面，楚军也有严重失误之处。它仓猝兴师，行军太急，"其行速，过险而不整"①，结果军队疲劳，队列不整，士气难振，斗志不旺，它一味强调赶在齐、鲁、宋等国军队到达前与晋军会战，过于急躁，使晋国得在预先选定的战场上，以逸待劳，而自己却是以劳对逸，且失去选择战场的主动权，一开始便处于会战的不利地位。第三，楚军的战场指挥亦存在着重大的欠缺，加速了其会战的失败。楚共王虽然能够注意"相敌"，观察到晋军具体活动情况，但却未能判明晋军的真实作战意图，并采取相应的对策。在会战中，楚军除中军一度进击（但很快后退）外，基本上是消极防御，当晋军实施灵活打击时，又缺乏权宜机变的能力，以致被动挨打，任人宰割。对于军中善战之士，如养由基等，楚共王不仅不善加使用，而且还打击他们的积极性，限制他们的行动，致使他们的作用得不到发挥。楚军主帅子反骄傲自大，不守军纪，醉酒误事，致使楚共王丧失再战的信心。这些因素结合在一起，终于导致了楚军遭到重大失败的结果。

晋军的胜利并非偶然。在战略上，晋坚定不移地把同楚决战、赢得中原霸权作为其长期奋斗的目标。一切行动都围绕这个中心而进行。为此它联齐联吴，

---

① 《左传·成公十六年》。

拆散秦楚联盟，使楚国陷于不利的战略地位，在此基础上再寻求同楚进行决战，从而牢牢把握了战争的主动权。同时，晋军在此战中还表现出较高的作战指导能力：它出动军队比较及时，先敌预定战场，"先据战地以待敌"，以逸待劳，以整击乱，赢得一定的主动。会战之前，能够认真"相敌"，料敌察机，制定较适宜的作战方案。在会战过程中，既能根据楚军的阵势和地形特点，灵活机动实施指挥；又能当机立断，先发制人，并及时调整部署，加强两翼，对敌实行先弱后强、各个击破的方针，从而一举击败楚、郑联军，达到称霸中原的战略目的。

 争霸战争重心的南移

——以柏举之战为例

经过鄢陵之战、三驾之役等战事后，春秋争霸两大主角晋国与楚国都感受到继续从事战争的困难，晋国认为自己"实不能御楚"①，楚国更意识到自己无力与晋抗争，"当今吾不能与晋争"②，"宜晋之伯也，有叔向以佐其卿，楚无以当之，不可与争"③。所以双方都希望停止大规模的战争，赢得一个和平间隙时间。至于郑、宋等中小国家的民众，则更是盼望着大国争霸能够止息，和平生活能够降临。

---

① 《左传·襄公十年》。
② 《左传·襄公九年》。
③ 《左传·襄公二十七年》。

正是在这样的背景下，宋国大夫向戌出面牵线，通过外交穿梭活动，促成晋、楚弭兵大会在公元前546年顺利召开。

这次弭兵大会共有晋、楚、齐、秦、宋、鲁、郑、卫、曹、许、陈、蔡、滕、邾等十四国参加。会议决定，以晋、楚为首，各国共订盟约，不再打仗，晋、楚共为盟主，自后中小国家对晋、楚要同时朝贡，"晋、楚之从交相见"①。由此可见，弭兵大会的实质，是晋、楚两大国承认战略均势，互相妥协，平分霸权。

弭兵大会后，中原地区出现了相对和平的局面。当时，晋、楚、齐、秦四大强国，都因国势趋于衰弱，国内矛盾激化，而被迫放慢对外扩张争霸兼并活动的步伐。与此同时，偏处于东南地区的吴国和越国则先后兴盛起来，开始加入了大国争霸的行列。由此，战争的重心也从黄河流域移到了淮河、长江流域，从中原诸侯国转移到了楚、吴、越等国，吴、楚与越之间近百年争霸兼并战争正是这种战略新格局背景下的产物。

吴国建国历史十分悠久，其政治中心在今江苏南部一带。其第十九代君主寿梦登位后，开始使用"王"的称号，"寿梦立而吴始益大，称王"②。他向中原先进国家学习礼乐，改良政治，发展经济，繁荣文化，扩大对外交往，加强军队建设，使吴国迅速崛起为一

① 《左传·襄公二十七年》。
② 《史记·吴太伯世家》。

45

个新兴强大的国家。

吴国的崛起与其西边的强国楚国之间产生了尖锐的矛盾与冲突。而晋国的有意介入，更使得吴楚之间本已十分紧绷的关系增添变数。当时晋国出于自己同楚国争霸中原的需要，采纳楚亡臣申公巫臣联吴制楚的建议，主动与吴国缔结战略同盟，让吴国在侧后打击楚国，以牵制楚国势力的北上。吴王寿梦二年（前584），晋景公派遣申公巫臣出使吴国，落实联吴制楚的战略目标。日渐强大起来的吴国，正需要寻找大国作后盾，故欣然接受晋国的主张，摆脱对楚的盟属关系，并积极动用武力，同楚国争夺江淮流域。

自寿梦开始，历经诸樊、余祭、夷末诸王，直至吴王僚，前后60余年间，吴楚两国互相攻战不已，先后爆发了多次较大规模的战争，包括州来之战、鸠兹之战、庸浦之战、舒鸠之战、夏汭之战，乾溪之战、长岸之战、鸡父之战等。这些战事大都是吴的进攻和楚的反进攻，以争夺淮河流域与长江北岸地区为重点。吴国胜多负少。总的趋势是楚国日遭削弱，国势颓落；吴国兵锋咄咄逼人，渐占上风。到吴王阖闾时，终于爆发了双方决定性的战争——柏举之战。

阖闾和他的大臣做了两件重要工作。第一，伐灭徐和钟吾这两个小国，剪楚羽翼，为日后攻楚扫清道路。第二，实施"疲楚误楚"策略。这是伍子胥创造性的贡献。他对吴王阖闾说："楚昭王年纪尚幼，无力控制政局。楚国当政者多而不一，乖张不和，政出多门，没有一个人能够承担楚国的忧患。如果将吴军编为三支部队轮番骚扰楚国，只要出动一支部队就能将楚军全部吸引出来。当楚军一出动，我军就退回；楚军若退回，我军再出动，必然使楚军疲于奔命。这样不断地骚扰楚军，疲惫楚军，想方设法调动楚军，使敌人在判断和指挥上都发生失误，然后再出动三军主力攻打，必定能够聚歼楚军，大获全胜。"阖闾欣然采纳这一建议，将吴军分为三支，搞车轮大战，以骚扰楚军，麻痹对手。六年下来，楚军成了"消防队"，东奔西走，到处救火，弄得疲惫不堪，斗志日降。时间一长，吴军的这种策略方针也给楚军造成了错觉，认为吴军的所作所为仅仅是"骚扰"而已，忽视了这些伴动背后所包藏的真实意图，因而放松了应有的警惕。

周敬王十四年（前506），吴国给楚国以致命一击的时机终于到来了。这年秋天，不堪楚国欺凌压迫的唐、蔡两国，主动遣使与吴国通好，要求联吴抗楚，希望借吴国之手为自己出气。唐、两国虽是将寡兵微的蕞尔小国，但位居楚国的北部侧背，战略地位相当重要。吴国和它们结盟，便可以避开楚国重兵布防的正面战线，实施千里迂回，大举突袭，直捣楚国腹心。

同年冬天，吴王阖闾亲率三万水陆精锐，在其弟夫概和谋臣武将伍子胥、孙武、伯嚭等人参赞下，溯淮水迅速西进。吴军进抵淮汭（今河南潢州西北）后便舍舟登陆，以三千五百人为前锋，在唐、蔡军的配合导引下，马不停蹄、兵不血刃地通过了楚国北部的大隧、直辕、冥阨三关险隘（均在今河南信阳境内），出其不意地挺进到了汉水东岸，敲响了楚军败北的丧钟。

楚军只好在极其被动的情势下仓猝应战。当时的楚昭王赶紧派令尹囊瓦、左司马沈尹戌等率军赶往汉水西岸设防。两军遂隔着汉水互相对峙。

楚军中最有头脑的应数沈尹戌。他认真分析了敌我双方的情况，建议囊瓦率主力沿汉水西岸阻击吴军的进攻，正面牵制吴军；他本人则北上方城（今河南方城县境），征发部队，迂回到吴军侧后，然后火烧吴军舟楫，阻塞三关，切断吴军退路；在此基础上和囊瓦所部对吴军实施前后夹击，让其有来无还。囊瓦起初同意了这个建议，可是待沈尹戌一离开，出于贪立战功的心理，便改变了原先商定的作战计划，不待沈尹戌军完成迂回包抄行动，就提前渡过汉水，直向吴军杀去。

正愁楚军龟缩不出的阖闾，见楚军主动进攻，不禁大喜过望，乃采取后退疲敌、寻机决战的方针，由汉水东岸后撤。囊瓦果然中计，尾随追击，从小别（今湖北汉川东南）至大别（今湖北境内的大别山）间，数次和吴军交手，不仅没有占到什么便宜，反而导致士气低落，军队疲惫。

吴军见泡蘑菇的战术奏效，就当机立断，决定同楚军进行战略决战。十一月十九日，吴军在柏举（今湖北汉川县北，一说在湖北麻城附近）列阵迎战楚军。阖闾之弟夫概认为囊瓦素来不得人心，楚军并无死战之心，主张吴军立即发起进攻。但阖闾出于谨慎而否决了夫概的意见。夫概不愿错过这一歼敌良机，就率领自己麾下的五千将士突击楚军，杀得楚军阵势大乱。阖闾见夫概进攻奏效，便及时将主力投入战斗，扩大战果。一时间楚军尸横遍野，溃不成军；囊瓦失魂落魄，弃军潜逃，将军史皇则身首异处，血溅沙场。

楚军主力遭重创后狼狈向西逃窜，吴军趁热打铁，穷追不舍，终于在清发水（今湖北安陆西的涢水）追上了楚军。吴军又采取"半济而击"的战法，让渡河逃命的楚军再度遭到惨败。吴军乘胜继续追击，至雍澨（今湖北京山西南）追上正在埋锅煮饭的楚军残部，给予了歼灭性的打击。吴军还在这里同从息地（今河南息县西南）回救楚军沈尹戍部狭路相逢。经过一场昏天黑地的厮杀，楚军又是大败，主将沈尹戍也丢掉性命。至此，楚军全线崩溃，已无法再作任何有效抵抗。楚郢都（今湖北江陵西北）完全暴露在吴军面前。吴军于是继续长驱直入，势如破竹，于十一月二十九日一举攻陷郢都。楚昭王只好逃往随国（今湖北随州）。柏举之战以吴军的辉煌胜利而告终。

分析吴军取胜的原因，首先是吴国政治修明，发展生产，充实军备。其次是它善于"伐交"，争取同盟国。再次，也是最为重要的一点，是其作战指导的高明：一是采取了疲楚误楚的正确策略，"亟肆以罢之，多方以误之"，使楚军疲于奔命，并松懈戒备；二是正确选择了有利的进攻方向，"以迂为直"，实施远距离的战略奇袭，使敌人猝不及防；三是把握有利的决战时机，先发制人，一举击破楚军主力；四是适时进行战略追击，不给敌人重整旗鼓、负隅顽抗的任何机会，直到把胜利的旗帜插到楚国国都的城头。

公元前506年的柏举之战是春秋晚期一次规模宏大、战法灵活、影响深远的大战。是役，吴军在阖闾、伍子胥、孙武、夫概等人的指挥下，先以"亟肆以罢之，多方以误之"方式疲楚误楚，同时剪楚羽翼，伐谋伐交，创造了十分有利的进攻态势。待一切就绪后，即果断进击，灵活机动，因敌用兵，以迂回奔袭、后退疲敌、寻机决战、深远追击等战法，长驱直入，五战入郢，一举战胜多年的敌手楚国，从而在很大程度上改变了春秋晚期的整个战略格局，为吴国的进一步崛起进而争霸中原奠定了坚实的基础。

柏举之战在古代战争发展史上也具有里程碑式的意义。它一改以往战争"约日定期"，一战即见胜负的传统模式，而突出体现了"兵以诈立"、"上兵伐谋"、"避实击虚"、"示形动敌"、"致人而不致于人"，连续作战、运动歼敌、灵活机动、出奇制胜的崭新特点，成为战争史上一次革命性的飞跃。经过这场决定性的战争，吴楚之间80年的战事基本平息，历史由此进入了吴越长期争战的新的阶段①。

越国是古代越族人所建立的国家，政治中心在今浙江绍兴市一带。它的崛起是在春秋晚期，据《国语·越语》记载，在允常和勾践统治时期，越国的实

---

① 参见黄朴民《春秋军事史》，军事科学出版社，1998，第305页。

力有相当大的增长，疆域纵横数百里，成为南方地区仅次于楚、吴的大国。然而越国要北上，要进一步强盛，首先要越过吴国这道障碍，这就势必导致两国政治、经济利益上的冲突，出现"争三江五湖之利"的局面，这是吴越争战发生的内在根源。

至于晋楚争霸，争取战略外线的影响，则是导致吴越战争的外在因素。晋国的联吴方略，置楚国于两线作战的不利地位，楚国为了摆脱这种被动的战略态势，遂利用越与吴争夺江湖河泽之利、各自拓展疆域的矛盾，也积极争取和扶植越国在侧后威胁吴国，以减轻吴对楚的压力。而越国为了抗衡吴国，正需要有楚这样的大国支持。于是双方出于各自的利益而联合起来，构成相对稳定的战略同盟。这样，吴越争战就因复杂国际背景因素的介入，而渐渐激烈起来，到柏举之战后，更发展成为主导当时天下战略格局的全面战争。

吴越争战经历了多年，柏举之战后比较重要的战争先后有公元前496年的檇李之战、前493年的夫椒之战、前482年的越军偷袭姑苏之战、前478年的笠泽之战、前473年的越军占领姑苏灭亡吴国之役，其间还伴随着著名的艾陵之战和黄池之会。吴国统治者由于战略决策的重大错误，逐渐在争战中失去雄厚的优势地位，而越王勾践经过20余年的卓绝努力，"十年生聚，十年教训"，"卧薪尝胆"，终于转危为安，转弱为强，后发制人，大创聚歼，彻底灭亡了世仇吴国，成为春秋后期的最后一位霸主。"当时，越兵横行于江淮，东诸侯毕贺，号称霸王。"① 而越军在笠泽诸役中所体现的指挥艺术，如乘虚蹈隙，"示形诱敌，中路突破"，乘胜追击等，也为中国战争史画卷上增添了绚丽的光彩。

无论是吴楚战争还是吴越角逐，其规模与影响已远不及当年晋、楚争霸的势头了，这预示着春秋战争史一页行将翻过，战国军事新的气象正呼之欲出。

3 从争霸到兼并
——以晋阳之战为例

爆发于公元前 455 年的晋阳攻守战，是春秋战国之际晋国内部四个强卿大族智、赵、韩、魏之间为争夺统治权益，兼并对手而进行的一场战争。是役前后历时两年左右，以赵、韩、魏三家联手攻灭智伯氏、瓜分其土地而告终。它对中国历史的发展具有较大的影响，因为在这场战争之后，逐渐形成了"三家分晋"的历史新局面，历史学家多将此事看做揭开战国历史帷幕的重要标志。

春秋末年，晋国政治生态出现了晋君权力被剥夺、强卿大宗主宰国内政治的局面。公元前 458 年，范氏、中行氏覆灭，智、赵、韩、魏把持国政。但"四卿"同样不能和平相处，很快出现激烈的冲突，这样便点燃了晋阳之战的导火索。

"四卿"之中，智伯瑶一族实力最为雄厚，智伯遂

———————

① 《史记·越王勾践世家》。

利令智昏，向韩、赵、魏三家索取土地，韩、魏两家被迫献地，但赵襄子却拒绝了智伯的要求。智伯怒火中烧，便于周贞定王十四年（前455）调集军队攻打赵氏，并胁迫魏、韩两氏出兵协同作战。赵襄子采纳谋臣张孟谈的建议，起兵抗击智伯的进攻，制定了依托坚城固守、持久抗敌、伺机反攻的防御方针，选择民心向赵、墙高池深、粮草充足的晋阳（今山西太原西南）进行固守。

攻守双方在晋阳城下相持一年有余，智伯决定引导晋水（汾水）灌淹晋阳城，晋阳城浸泡在洪水之中，形势十分危急，但守城军民斗志旺盛，殊死抵抗，将智伯联军阻挡在危城之外。

在战事最激烈的时候，张孟谈潜出城外，秘密会见韩康子和魏桓子，劝说他们暗中倒戈，确定了三家联合进攻智氏的方针。一切就绪后，赵襄子在韩、魏两氏的配合策应下，派遣精兵实施偷袭，放水倒灌智伯军大营，智伯军在突袭面前惊慌失措，乱成一团。赵军主力乘势从晋阳城中正面出击，韩、魏两军则从侧翼发起夹攻，大破智伯军，擒杀智伯瑶，尽灭智宗族，瓜分其土地，为日后"三家分晋"奠定了坚实的基础。①

在晋阳攻守战中，赵襄子做到了指挥若定。他善于利用民心，激发士气，充分准备，"先为不可胜，以待敌之可胜"②，挫败了智伯围攻孤城、速战速决的作

---

① 黄朴民：《先秦喋血》，华夏出版社，1996，第97~99页。
② 《孙子·形篇》。

战企图；当智伯以水灌淹城池，守城作战进入最艰巨的阶段时，赵襄子及守城军民又临危不惧，誓死抵抗，并采纳谋士张孟谈的建议，利用韩、魏两家与智伯瑶之间的深刻矛盾，加以争取，瓦解智伯的统一战线，使其陷于彻底的孤立，为日后的决战创造了有利的态势。当"伐谋"、"伐交"顺利得手后，赵襄子又能及时制定正确的破敌之策，以其人之道还治其人之身，用大水倒灌智伯的营垒，予敌以出其不意的打击。他还牢牢地把握战机，迅速全面出击，摧枯拉朽，横扫千军，取得了聚歼敌人的彻底胜利。

而智伯的失败在很大程度上是他咎由自取。他恃强凌弱，一味迷信武力，丧失民心，在政治上陷入了被动；他四面出击，到处树敌，在外交上陷入了孤立；在作战过程中，他违背"兵贵胜而不贵久"的原则，长年顿兵于坚城之下，白白损耗了实力；也昧于对自己"同盟者"动向的了解和掌握，以至于为敌手所乘。当对方用水攻转而对付自己之时，又惊慌失措，计无所出，未能做到随机应变，组织起积极有效的抵御，终于一败涂地，身死族灭，为天下笑。

晋阳之战规模虽然不大，但意义却相当突出。它的最大特色，就是标志着春秋时期以争霸为主流的战争的终结，战国时代以兼并为本质的战争的到来。

春秋战国之交，随着旧的生产关系大厦的倾覆，土地占有权也相对分散。有土地就有人口，有人口就有赋税，就能组建军队，也就意味着拥有了财富和权力。因此，对土地和人口资源的争夺和控制，也就合乎逻辑地成为当时战争活动的根本宗旨。在这方面，晋阳之战具有开创性和代表性的意义。它以智氏向韩、魏、赵勒索土地而开始，又以三家瓜分智氏土地而告终；智伯胁迫韩、魏与己联合攻赵，是用三分赵地为诱饵；而赵襄子策动韩、魏倒戈，也是以瓜分智伯土地为条件。由此可见，对土地的争夺如同一条红线，贯穿于这场战争的始终。这一兼并战争的属性，是与以往争夺霸主名分和地位的春秋争霸战争迥异其趣的。战争的手段是由战争的目的决定的。兼并战争的激烈和残酷程度要远远超过以往的争霸战争。这一点在晋阳之战中同样表现得十分明显：智伯决晋水灌淹城池，长围晋阳两年，必欲置赵氏势力于死地而后快；同样，赵、韩、魏击败智伯瑶军以后，也是擒杀智伯，尽诛其族，瓜分其地。这里已丝毫见不到邲之战、鄢陵之战中那种彬彬有礼的旧"军礼"遗风，而只有无所不用其极的酷烈，这正是兼并战争条件下的必然结果。所以，无论是从战争的目的看，还是从战争的手段看，晋阳之战都具有里程碑式的地位，它标志着战国时代兼并战争将全面上演。

 4 桂陵、马陵之战的作战 艺术及其影响

韩、赵、魏三家分晋，标志着历史上新的一页又打开了。魏、韩、赵、齐、秦、楚、燕七个大国占据了历史舞台的中心位置，上演了一幕幕纵横捭阖、干戈不休、争雄兼并、你死我活的精彩活剧。人们根据这一时代特色，将这一历史阶段命名为"战国"，是名副其实的。

在战国七雄之中，最先崛起的是地处天下之中的魏国。周贞定王二十四年（前445）魏文侯即位，任用李悝、吴起、西门豹、段干木等贤能之士，进行各方面的改革。在政治上，基本废除了世袭的禄位制度，推行因功授禄的政策，建立起比较清明、健全的官僚体制。在经济上，改变不适应生产力发展的井田旧制，"尽地力之教"，抽"什一之税"，创制"平籴法"，兴修水利，鼓励开荒，促进了社会秩序的稳定和农业生产的发展。在军事上，加强军队建设，推行"武卒"选拔制度，重视军事训练，提高部队的战斗力。通过这些改革，魏国一跃而成为战国初期最为强盛的国家。魏惠王继位以后，继承文侯、武侯的霸业，继续积极向外扩张，更使魏国君临天下，不可一世。

但是魏国本身也存在着先天性的不足。它地处腹心，被称为"天下之胸腹"，四周大国环列，西有秦，东临齐，北接赵，南邻楚，是典型的"四战之地"，很容易陷入多面作战的不利境地，战略地理环境较为恶劣。可是魏国几代统治者对这一点缺乏清醒的认识，反而采取了战略上"四面出击"的错误方针，这不但分散了力量，消耗了实力，而且也容易四面树敌，陷于被动。所以在魏国最为兴盛的同时，也埋下了其日后衰落的种子。

魏国的勃兴和称霸直接威胁和损害了楚、齐、秦等国的利益，引起这些国家的普遍恐惧和忌恨，其中尤以齐魏之间的矛盾最为尖锐。

齐国自西周以来一直是东方地区的大国，公元前356年齐威王即位后，使贤任能，改革吏治，强化中央集权，进行国防建设，国势日渐壮大。面对魏国向东扩张的严重威胁，齐国积极利用韩、赵诸国和魏国之间的矛盾与冲突，趁魏国深陷数面受敌的内线作战之际，展开了对魏的激烈斗争。

战争是政治的继续，齐、魏的矛盾冲突在当时只能通过战争的手段来加以解决。就在这样的背景下，公元前353年爆发了桂陵之战。

当时赵成侯为了摆脱魏国霸权的控制，进而达到兼并土地、扩张势力的目的，于公元前356年在平陆（今山东汶上）和齐威王、宋桓侯相会结好，同时又和燕文公在阿（今河北境内）相会。赵国的举动引起魏惠王的极大不满。公元前354年，赵国向依附于魏国的卫国动武，迫使卫国屈服称臣。于是魏国便借口保护卫国，出兵攻赵，包围了其国都邯郸。赵与齐有同盟关系，这时见局势危急，遂于公元前353年遣使向齐国求援。

齐威王闻报赵国告急，就召集文武大臣进行商议。丞相邹忌反对出兵救赵，齐将段干朋则认为不救赵既会失去对赵国的信用，又会给齐国争雄造成困难，因而主张救赵。但他同时又指出，从战略全局考虑，如果立即出兵前赴邯郸，赵国既不会遭到损失，魏军也不会消耗实力，对于齐国长远的利益来说是弊大于利。

因此他主张实施使魏与赵相互削弱，而后"承魏之弊"的战略方针。具体地说，是先派少量兵力南攻襄陵，以牵制和疲惫魏国。待魏军攻破邯郸，魏、赵双方均师劳兵疲之际，再予以正面的攻击。段干朋这一谋略显然有一石三鸟的用意。第一，南攻襄陵，牵制魏军，使其陷于两面作战的窘境。第二，向赵表示信守盟约、提供援助的姿态，帮助赵国坚定其抗击魏国的决心。第三，让魏、赵继续互相攻伐，最后导致赵国遭受重创、魏国实力削弱的结果，从而为齐国战胜魏国和日后控制赵国创造有利的条件。段干朋的计谋为齐威王所采纳。他决定以部分军队联合宋、卫南攻襄陵，主力暂时按兵不动，静观事态的发展，准备伺机出动，以求一举成功。

当时魏国的扩张，也引起楚国的敌视。因此，楚宣王便乘魏国出兵攻赵、后方空虚之际，派遣将军景舍率领部队向魏国南部的睢、涉地区进攻。而西边的秦国也不甘寂寞，发兵先后攻打魏国的少梁、安邑等要地。这样，魏国实际上已处于四面作战的困难境地。幸亏它实力相当雄厚，主将庞涓又决心破赵，不为其他战场的局势所动摇，因而一直勉力维持着邯郸方面的主攻局面。

魏国以主力攻赵，两军相持近一年。当邯郸形势危在旦夕，赵、魏两国均已非常疲惫之时，齐威王认为出兵与魏军决战的时机业已成熟，于是就任命田忌为主将，孙膑为军师，统率齐军主力救援赵国。

田忌打算直奔邯郸，同魏军主力交锋，以解救赵围。孙膑不赞成这种硬碰硬的战法，提出了"批亢捣虚"、"疾走大梁"的正确建议。他说：要解开乱成一团的丝线，不能用手硬拉硬扯；要排解别人的聚殴，自己不能直接参加进去打。派兵解围的道理也是一样，不能以硬碰硬，而应该采取"批亢捣虚"的办法，就是撇开强点，攻击弱点，避实击虚，冲其要害，使敌人感到形势不利，出现后顾之忧，自然也就解围了。孙膑进一步分析说：现在魏、赵相攻多时，魏军的精锐部队全在赵国，留在自己国内的是一些老弱之卒。根据这一情况，他建议田忌迅速向魏国的都城大梁（今河南开封）进军，切断魏国的交通要道，攻击它防备空虚的地方。他认为一旦这么做，魏军必然被迫回师自救，齐军可以一举而解赵国之围，同时又能使魏军疲惫于路，便于最终战胜它。

田忌采纳了孙膑这一作战建议，统率齐军主力迅速向大梁方向挺进。大梁是魏国政治、经济、文化中心，此时处于危急之中，魏军不得不以少数兵力控制历尽艰辛刚刚攻克的邯郸，而由庞涓率主力急忙回救大梁。这时候，齐军已把桂陵（今山东菏泽东北一带）作为预定的作战区域，迎击魏军于归途之中。魏军由于长期攻赵，兵力消耗很大，加上长途跋涉急行军，士卒疲惫不堪，面对占有先机之利、休整良好、士气旺盛的齐军的截击，顿时陷入了被动挨打的困境，终于遭受到一次沉重的失败。它所攻占的邯郸等地，至此也就得而复失了。

战国前中期，魏国的实力要胜过齐国，其军队也

59

比齐军精锐善战，所以荀子曾说："齐之技击不可以遇魏氏之武卒。"然而齐军终于在桂陵之战中重创了魏军。其主要原因，就是齐国战略方针的正确和孙膑作战指挥艺术的高明。在战略上，齐国适宜地表示了救赵的意向，从而使赵国坚定了抵抗魏军的决心，拖延、疲顿魏军；及时对次要的襄陵方向实施佯攻，使魏军陷入多线作战的被动处境；正确把握住魏、赵双方精疲力竭的有利时机，果断出击。在作战指导方面，孙膑能够正确分析敌我形势，选择适宜的作战方向，进攻敌人既是要害又呈空虚的国都大梁，迫使魏军回师援救，然后以逸待劳，乘敌之隙打了一个漂亮的阻击战，一举而克，自始至终都牢牢掌握住主动权。另外，主将田忌虚怀若谷，从善如流，也为孙膑实施高明作战指导、夺取胜利提供了必要的前提。至于魏军的失败，即在于战略上未能掌握诸侯列国的动向，长期顿兵坚城之下，造成将士疲敝、后方空虚，加上作战指导上消极被动，让对方牵着自己的鼻子走，最终遭到惨败的命运。

魏国虽在桂陵中遭到重创，但毕竟因实力雄厚而没有一蹶不振。周显王二十七年（前342），魏国又穷兵黩武，派兵去攻打比它弱小的兄弟之邦——韩国。韩国自然不是魏国的对手，危急中赶忙派遣使者奉书向魏国的克星——齐国求救。齐国君臣又聚在一起商议对策。邹忌依然不主张出兵，而田忌则力主发兵救援。齐威王征求孙膑的意见，孙膑既不同意不救，也不赞成早救，而是主张"深结韩之亲，而晚承魏之弊"。即首先向韩国表示必定出兵相救，促使韩国全力抗魏，当韩处于危亡之际，再发兵救援，从而"尊名"、"重利"，一举两得。为国家战略利益计，齐威王采纳了孙膑这一计策，决定助韩一臂之力。

韩国得到齐国将来援救的允诺，人心振奋，竭尽全力抵抗魏军的进攻，但结果仍然是五战皆败，只好再次向齐国告急。齐威王抓住魏、韩都已疲惫的时机，任命田忌为主将，田婴为副将率领齐军直趋大梁。孙膑在齐军中的角色，一如前次桂陵之战那样：充任军师，居中调度。

魏国见齐军出动，便将兵锋指向齐军。任命太子申为上将军，庞涓为将，统率雄师十万之众，气势汹汹地向齐军直扑过去，企图和齐军一决胜负。

这时齐军已进入魏国境内纵深地带，魏军尾随而来，一场鏖战无法避免。敌强我弱，这仗该怎么打？孙膑胸有成竹，指挥若定。他针魏军剽悍善战，素来轻视齐军的实际情况，正确判断魏军一定会骄傲轻敌，急于求战，轻兵冒进。根据这一分析，孙膑觉得战胜貌似强大的魏军是完全有把握的。其手段不是别的，就是要充分利用敌人的轻敌心理，示形误敌，诱其深入，尔后伺机予以出其不意的致命打击。他的设想得到齐军主将田忌的赞同。于是在认真研究了具体战场地形条件之后，共同定下了"减灶诱敌"、设伏聚歼的作战指导方针。

战争的进程完全按照齐军的预定计划进行。齐军同魏军稍稍接触，就立即佯败后撤。为了诱使魏军进行追击，齐军按照孙膑预先的部署，施展了"减灶"的高招：第一天挖了10万人煮饭用的土灶，到了第二天减少成为5万灶，第三又减少到3万灶，故意造成在魏军的紧紧迫逼下齐军士卒大批逃亡的假象。

魏军主将庞涓见齐军退却避战而又天天减灶，不禁得意忘形起来，武断地认定齐军斗志涣散，士卒逃亡过半。于是乎他丢下步兵和辎重，只带着一部分轻装精锐骑兵，昼夜兼程追赶齐军，一门心思朝着死路直奔而去。

孙膑根据魏军的行军速度，判断魏军将于三日后黄昏时分进抵马陵（今山东郯城县境内）。马陵一带道路崎岖狭窄，树木草丛茂盛，地势相当险阻，是打伏击战的绝佳处所。于是孙膑利用这一有利地形，选择齐军中一万名善射的弓箭手事先埋伏在道路的两侧，规定到夜间以火光为号一齐放射箭镞。他还事先让人把路旁一颗大树皮剥掉，在上面大书"庞涓死于此树之下"的字样。

庞涓带领魏军骑兵，果真于孙膑预计的时间里一头撞入齐军的伏击圈中。庞涓见剥了皮的大树干上写着字，但天色昏暗，看不清楚，便让人点起火把照明。可是树上的字还没有读完，只听得战鼓如雷声隆隆擂响，齐军万弩齐发，箭如飞蝗，给魏军以迅雷不及掩耳的打击。顿时惊恐失措，大败溃乱，不是被杀，就是投降。庞涓智穷力竭，眼见败局已定，愤愧莫名，只好拔剑自刎。齐军乘胜追击，又连续大破魏军，前后歼敌十万余人，并将魏军名义上的主帅太子申生擒活捉。马陵之战就这样以魏军惨败而告终结。

马陵之战是我国历史上一场典型的"示假隐真"、欺敌误敌、设伏聚歼的成功战例。齐军的凯旋奏捷，除了其把握救韩时机得当、将帅之间密切合作、正确预测战场地点和作战时间以外，知彼知己，善于"示形"，巧设埋伏，后发制人，乃是克敌制胜的关键性的因素。"减灶"就是这次作战中"示形"的主要方式，它实际上就是兵圣孙武"能而示之不能，用而示之不用"以及"以利动之，以卒待之"等"诡道"作战原则在实战中的具体体现。

桂陵、马陵之战是战国前中期齐、魏两国大国之间的两场著名战争，它们在历史发展中具有深远的影响，对于战国时期整个战略格局的演变，意义十分重大。具体地说，它们从根本削弱了魏国的军事实力。从此，魏国一步步走下坡路。公元前334年，齐、魏两国国君在徐州会盟，魏将霸主地位拱手让给了齐国，秦国则乘机于公元前330年进攻魏国的河西地区，大败魏军于雕阴（今陕西甘泉县南），俘获魏西部防线主帅龙贾，歼灭魏军四万五千人，魏国被迫将河西之地割让给秦国。至此魏国终于失去来之不易的列国首强地位。而齐国则挟战胜之余威，力量得到进一步的发展，成为当时数一数二的强大国家，战国历史进入了齐、秦两强东西并峙的新的阶段。

 ## 济西、即墨之战的指挥艺术

战国中期，随着魏国霸权的衰落，齐、秦两强成为左右天下局势的主导力量。它们东西对峙，互争短长，使当时的争雄兼并战争进入了新的发展时期。

在齐、秦各自称雄东西的战略大背景下，齐、燕两国的矛盾也趋于紧张。当时，较弱的燕国是齐的近邻，双方曾结下不共戴天的仇恨：公元前318年燕王哙演出一场"禅让"的闹剧，将君位让于相国子之，结果导致太子平与子之因争夺王位而发生的内乱。齐宣王于公元前314年乘机发兵攻燕，在50天之内攻下燕都蓟（今北京一带），杀燕王哙和子之。但由于齐军在燕国大肆烧杀抢掠，燕国民众纷纷起来反抗，各诸侯国也准备出兵救燕，迫使齐军撤退，太子平即位为王，即燕昭王。燕昭王即位后，广招贤士，改革内政，发展生产，增强军力，积极准备报齐破国之仇。

当然，从两国的实力对比来看，齐国占有明显的优势。可是自周赧王十四年（前301）齐湣王即位以来，齐国极盛的势头却面临着夭折的可能。齐湣王毫无战略头脑，只知道穷兵黩武，四面树敌，南攻宋、楚，西击三晋，连年征战，劳师疲众，弄得国力日耗，处境孤立。

齐国失败的契机，为燕昭王君臣捕捉到了，准备乘机攻齐。但是从燕国的土地、人口和经济条件看，燕国远不如齐国，单凭燕国本身的力量，是不可能战胜齐国的。在此形势下，燕将乐毅和燕相苏秦提出争取与国，孤立齐国；并怂恿齐国灭宋，以加剧它与各国的矛盾，尔后联合各国，大举攻齐。燕昭王欣然采纳了这一计策。

　　为此，燕表面上臣服于齐，并派遣苏秦入齐进行离间活动，取得了齐湣王的信任。齐国被燕国表面的屈服迷惑，放松警惕，对燕不加戒备，甚至连防备燕国的兵力也全部从北部边境撤回。公元前 288 年，秦约齐王同时称帝，结成联盟。燕再一次派苏秦到齐国从事离间活动，劝说齐湣王撕毁齐、秦盟约，废除帝号，而后伺机灭亡宋国。昏庸的湣王果然被打动，于同年年底废除帝号，转而与各国合纵攻秦，迫使秦国"废帝请服"。齐湣王取得攻秦之战的胜利后，又经过三次战争，灭掉了宋国。此举不仅加剧了齐国同秦、赵的矛盾，也对韩、魏、楚形成相当的威胁，因此导致齐与各国矛盾异常尖锐。燕利用这种形势，积极活动，终于和各国结成攻齐联盟。

　　周赧王三十一年（前 284），燕昭王任命乐毅为上将军，统兵伐齐，乐毅佩赵国相印，与赵、秦、魏、韩等国军队约期会师，组成五国联军浩浩荡荡向齐国进军。

　　齐湣王发现燕军已攻入齐国时，匆忙任命触子为将，率领全国军队主力渡过济水，西进拒敌。双方兵力各 20 余万在济水之西（今山东高唐、聊城一带）展开决战。齐军由于连年征战，士气低落。齐湣王为了迫使将士死战，以挖祖坟，行杀戮相威胁，更使将士离心，斗志消沉。结果，当联军发起进攻时齐军一触即溃，遭到惨败，退保都城临淄。联军主帅乐毅鉴于当时齐军主力已被消灭，难以组织有效抵抗的实际情况，果断遣返秦、韩两国的军队，并让魏军去攻取宋国的故地，让赵军去攻占河间，免得诸国继续分享伐齐的胜利成果。尔后，他针对齐国兵力空虚，主力被歼后的恐惧心理，指挥燕军实施战略追击，长驱直入，直捣齐都临淄，一举加以占领，从而摧毁了齐军的指挥中枢。齐湣王被迫逃至莒（今山东莒县）。此时楚顷襄王为分占齐地，便以救齐为名，派淖齿率兵入齐。齐湣王幻想借楚军力量抵抗燕军，便委任淖齿为相。淖齿在莒地杀掉了齐湣王，并夺回了以前被齐占去的淮北之地。

攻克临淄后，乐毅根据战局的发展，进一步制定了征服齐国的作战计划。一方面采取布施德政，收取民心的政策，申明军纪，严禁掳掠。废除残暴法令和苛捐杂税，进行政治攻心。另一方面分兵五路，以期彻底消灭齐军，占领齐国全境。其中左军东渡胶水，攻取胶东、东莱（今胶东半岛）；右军沿黄河和济水，向西攻克阿城、鄄城（今山东西南部）；前军沿泰山东麓直至黄海，攻取琅邪（今山东沂南至日照一带）；后军沿北海（今山东临淄东北沿海一带）出击攻占千乘（今山东高青东北）；中军则镇守齐都临淄策应其他四路。燕军五路大军进展顺利，仅在 6 个月的时间里，就攻取了齐国的 70 余城，只剩下莒（今山东莒县）和即墨（今山东平度东南）两座孤城未被攻克。强盛一时的齐国此时已濒临亡国的边缘。

可是，齐国毕竟是一个富有尚武传统的伟大国度，齐国军民也不是任人宰割的羔羊，在十分困难的局面下，他们奋起了，从而为扭转战局，摆脱覆亡带来了一线的生机。

　　周赧王三十二年（前283），齐国大臣王孙贾等人设计，杀死了趁火打劫的楚将淖齿，拥立齐湣王之子法章为齐襄王，坚守莒城，并传檄齐地，号召广大民众起来抵抗燕国的侵伐。另一座未曾沦陷的城池——即墨的军民，也在其守将战死殉国之后，一致公推有勇有谋的齐宗室田单为守将，万众一心、同仇敌忾，共同坚守城池，抗击燕军，这样便形成了齐国当时两个抗燕的坚强堡垒。燕军统帅乐毅只好重新调整自己的军事部署，集中右军和前军攻打莒城，左军和后军进攻即墨。

　　可是燕军这次却打得很不顺手，进攻莒和即墨一年有余，除了损折了一些兵将，其他方面毫无进展。乐毅无可奈何之下改换了战法，全面采用攻心战，下令燕军后撤至距离两城9里的地方筑营建垒，以示长期围困，并传令凡城中居民有外出的一律不加拘捕，有困难的慷慨予以赈济，想借此来动摇齐守城军民的意志，努力争取不战而下两城。可是三年时间悄悄过去了，两城依然没有被攻克。

　　即墨为齐国境内较大的都邑，地处比较富庶的胶东，依山傍海，土地肥沃，财物丰富，有坚固的城池和较雄厚的人力可用于防守。田单被推举为将后，为挽救危局，除了大力开展争取人心的工作外，还将所带的族兵及收容的残兵7000余人，及时加以整顿和扩充；又身先士卒，带头构筑城防工事，加固城墙，浚深濠池；把族人、妻妾编入军营参加守城。由于田单与将士同甘共苦，在各方面作出表率，于是即墨城的军民群情振奋，斗志昂扬，决心为保卫自己的生命财产、光复祖国山河而同燕军周旋到底。

田单复齐的机会出现了。公元前 279 年，燕国一代名君燕昭王撒手人寰，燕惠王即位。这位国君早在做太子的时候便和乐毅有矛盾，这时见乐毅数年攻齐不能最后平定，自然是既不满又怀疑。田单及时捕捉到这一信息，立即派人潜入燕国进行间谍活动，到处宣扬说：乐毅借攻齐为名，想控制军队乘机在齐国为王，所以故意缓攻莒和即墨。假如燕国另派主将，这两座孤城指日可下。燕惠王被敌人蒙骗，果然中计，委派骑劫前去替代乐毅。乐毅被撤换，不仅使田单少了一个难以对付的敌手，而且也使得燕军将士愤愤不平，军心涣散。

骑劫到任后，即一反乐毅的做法，改长围为强攻，但在齐国军民的殊死抵抗面前，燕军依然被阻于坚城之下。田单为了进一步激励士气，便四处散布谣言，说齐军最害怕割掉鼻子，挖掘祖坟。骑劫不辨真伪，上当中计。即墨军目睹燕军的暴行，个个恨入骨髓，怒不可遏，纷纷要求同燕军决一死战。田单见时机成熟，便积极部署反攻措施。他先是命令精壮士卒全部隐伏起来，让老弱、妇女登城守望，使燕军误以为齐军青壮已经伤亡殆尽，失去继续作战的能力；然后派人出城同燕军洽谈投降事宜。燕军信以为真，一心坐待受降，完全放松了对齐军的警惕。

田单在欺敌误敌的同时，也抓紧了己方的反攻准备。他收集了千余头牛，在牛角上扎上锋利的尖刀，牛身上画上斑斓的花纹，牛尾巴上绑上浸透油脂的芦苇干草，并预先在城脚上挖好几十个大洞，直通城外。又挑选了5000名精壮勇士，扮作神怪模样，还下令全城军民备好锣鼓以便出击时呐喊助威。一切准备就绪后，在一个无月漆黑的夜间，一把火点燃牛尾巴上的芦苇干草，驱赶1000多头火牛从城墙洞中突出，向燕军大营猛冲狂奔；5000名勇士随之呼啸杀出，全城军民擂鼓击器以壮声势。一时间火光通明，杀声震天动地。燕军将士纷纷抛弃甲仗，四出逃命，死伤无数。骑劫本人也不能幸免，死于乱军之中。至此围攻即墨的燕军主力彻底溃败。

田单奇袭破围得手后，认为燕军肝胆已破，不能再作有效的抵抗，于是就决定全线反攻，乘胜追击。齐国民众痛恨燕军的暴行，纷纷群起响应，很快就将燕军逐出国境，收复了沦陷的70余座城池。

在济西、即墨之战的第一个阶段，乐毅采用诱齐攻宋策略，形成了天下联合攻齐的有利形势。在作战中又善于适时展开决战，大破齐军主力于济西，并抓住敌我强弱态势已发生变化的有利时机，乘胜追击，直捣齐都，因而取得了重大胜利。而齐湣王自恃强大，穷兵黩武，四处树敌，落入燕国的圈套而不自知。当五国联军攻齐时，仓促应战，过早集中主力与强大的联军交锋，因而惨败，几致亡国。

至于齐军在后来的即墨保卫战中能先坚守后反攻，最终一举击败燕军，光复国土，这一是由于即墨城有较好的防御条件；二是燕军分兵多路攻齐，发展过快，攻城克坚的准备和力量不够充分；三是田单面对优势之敌，采取有效措施，取得守城军民的信任和支持，为挽救危局、实施反攻创造了条件。接着巧使反间计，借敌人之手除去最难对付的乐毅；又针对骑劫愚妄无能、燕军士气不振等弱点，以诈降手段造成敌人错觉，使之麻痹松懈。然后实施夜间奇袭，出其不意地击破围攻即墨城的燕军主力，打好了反攻初期的关键性一仗，取得了战场上的主动权。接着不给敌人以任何喘息的时机，乘胜追击，在齐国民众的坚定支持下，终于夺取了复国斗争的胜利。

当然，不容忽视的是，田单复齐虽然取得了辉煌的成功，但是在经历了五国合纵伐齐这一场大浩劫之后，齐国的实力已急剧削弱，今非昔比，不再是东方头号强国了。战国诸雄之间的战略平衡再一次被打破了。这在客观上就为秦国实施东进战略，兼并六国，席卷天下，提供了极佳的机会。

6 长平之战：先秦野战 歼灭战的典范

秦国自孝公任用商鞅实行变法以来，制定了正确的兼并战略：奖励耕战，富国强兵，国势如日中天；连横破纵，远交近攻，外交连连得手；旌旗麾指，铁骑驰骋，军事捷报频传。百余年间，蚕食缓进，重创急攻，破三晋，败强楚，弱东齐，构成了对山东六国的战略进攻态势。在秦国的咄咄兵锋面前，韩、魏屈意奉承；南楚自顾不暇；东齐力有不逮；北燕无足轻重。只有赵国，自公元前302年赵武灵王推行"胡服骑射"的军事改革以来，国力较雄厚，军队较强大，对外战争胜多负少，而且拥有廉颇、赵奢、李牧等一批能征惯战的将领，还可以同强秦进行一番周旋。

形势非常清楚，秦国要完成兼并六国、统一天下的殊世伟业，一定得拔去赵国这颗钉子；赵国自然不肯任他人宰割，双方之间一场战略决战势所难免。

秦昭王根据丞相范雎"远交近攻"的战略构想，从周赧王四十七年（前268）起，先后出兵攻占了魏国的怀（今河南武陟西）、邢丘（今河南温县附近），迫使魏国亲附于己。接着又大举攻韩，先后攻取了陉（今河南济源西北）、高平（今河南济源西南）、少曲（今河南济源西）等重要战略据点。并于公元前261年攻克野王（今河南沁阳），将狭长的韩国拦腰截为两段。消息传来，韩国朝廷上下一片惊恐，急忙派遣使者入秦，以献上党郡（今山西长治一带）为屈辱条件，向秦国求和。

然而，韩国的上党太守冯亭却不愿献地入秦，他将朝廷的指令放置在一边，作出了献上党之地给赵国的抉择。他的用意当然很清楚：转移秦国的锋芒，促成赵、韩携手，共同抵御秦国，挽救被灭亡的命运。

赵王目光短浅，在不计后果的情况下，将上党郡并入自己的版图。赵国的这一举动，无异于虎口夺食，秦国方面岂肯善罢甘休，秦、赵之间的矛盾因此而全

71

面激化了。范雎于是建议秦昭王乘机出兵攻赵。昭王便于周赧王五十四年（前261）命令秦军一部进攻韩国缑氏（今河南偃师西南），直趋荥阳，威慑韩国，使其不敢增援赵国；同时命令左庶长王龁率领雄师扑向赵国，攻打上党。上党赵军力不能支，退守长平（今山西高平西北）。赵王闻报秦军长驱东进，只好兴师应战，委派宿将廉颇率赵军主力开往长平，企图以武力重新夺回上党。廉颇抵达长平前线后，即向秦军发起攻击。遗憾的是，秦强赵弱，赵国数战不利，多有损折。廉颇不愧为一名明智的将帅，见进攻遭受挫折，便及时调整战术，转取守势，依托有利地形，筑垒固守，以逸待劳，疲惫秦军，静候其变。廉颇的这一招颇为奏效，秦军的速决势头被抑制住了，两军在长平一带相持不决。

但是秦国的战争指导者老谋深算，运用谋略来打开缺口，使局势朝着有利于己的方向发展，为尔后的战略进攻创造条件。一方面他们借赵国使节郑朱到秦国议和的机会殷勤款待郑朱，向各国制造秦、赵关系和解的假象，使赵国在外交上和列强"合纵"抗秦的机会失之交臂，陷于被动和孤立。另一方面，又采用离间计，派人携带财宝前赴邯郸，收买赵王左右，让其四处散布流言飞语，挑拨离间赵王与廉颇的关系，借赵王之手，将廉颇从赵军主帅的位置上拉了下来；并使赵王不顾贤臣蔺相如和赵括母亲的反对，任命赵括为赵军主帅。

赵括走马上任后一反廉颇所为，更换将佐，改变军中制度，搞得赵军上下离心离德，斗志不旺。他还改变了廉颇制定的行之有效的战略防御方针，积极筹划战略进攻，企图一举而胜，夺回上党。

秦国在搞乱赵国的同时，也适时调整了自己的军事部署：立即增加军队，起用骁勇善战的武安君白起为上将军，替代王龁统率秦军。为了避免此事引起赵军的注意，秦王下令军中严守这一机密："有敢泄武安君为将者，斩！"①

白起到任后，针对赵括没有实战经验、求胜心切、鲁莽轻敌等弱点，采取了诱敌入伏、分割包围而予以聚歼的正确作战方针，对兵力作了周密细致的部署，造成了"以石击卵"的强大态势。

白起的具体作战部署是：首先，以原先的第一线部队为诱敌之兵，等待赵军出击后，即向预设的主阵地长壁方向撤退，诱敌深入；其次，巧妙利用长壁构筑成袋形阵地，以主力守卫营垒，抵挡阻遏赵军的攻势，并组织一支轻装精锐的突击部队，待赵军被围之后，主动出击，以消耗赵军的有生力量；再次，动用奇兵25000人埋伏在两边侧翼，待赵军出击后，及时穿插到赵军的后方，切断赵军的退路，协同主阵地长壁上的秦军主力，完成对出击赵军的包围；最后，派出一支骑兵部队，牵制和监视赵军营垒中的留守部队。

战局的发展果然按着白起所预定的方向进行。周赧王五十五年（前260）八月，对秦军战略动态茫昧

_____

① 《史记·白起王翦列传》。

无知的赵括统率赵军主力，向秦军发起了大规模的出击。秦军的诱敌部队佯败后撤，愚妄鲁莽的赵括不问虚实，以为秦军不堪一击，立即率军追击，但当赵军进抵秦军的预设阵地——长壁时，却遭到了秦军主力的坚决阻击，攻势顿时受挫，被阻于坚壁之下。此时预先埋伏两翼的秦 25000 奇兵迅速出击，及时穿插到赵军进攻部队的侧后，抢占了西壁垒（今山西高平北的韩王山高地），截断了出击赵军与其大营之间的联系，构成了对出击赵军的重重包围。另外的秦军 5000 精骑也迅猛地插到了赵军的营垒之间，牵制、监视留守营垒的那小部分赵军，并切断赵军的后勤运输线。与此同时，白起又下令突击部队不断出击被围困的赵军主力。赵军左冲右突，都无法逾越秦军铜墙铁壁一般的阵地，情况日益危急，不得不就地构筑营垒，转攻为守，等待救援。

秦昭王在都城咸阳听到赵军被围、就歼在即的消息，便亲赴河内（今河南沁阳及其附近地区），将当地 15 岁以上的男子全部编组成军，及时增援长平战场。这支部队开进到长平以北的今丹朱岭及其以东一带高地，进一步断绝了赵国的援军和后勤补给，从而确保了白起能够彻底地歼灭被围的赵军。

到了九月，赵军断粮已长达 46 天，内部互相残杀以食，军心动摇，士气涣散。赵括困兽犹斗，组织了四支突围部队轮番冲击秦军阵地，希望能杀开一条血路，逃脱性命，但是都无功而返。绝望之中，赵括孤注一掷，亲率赵军精锐强行突围，结果败得更惨，连他本人也丧身在秦军如蝗般的箭镞之下。赵军失去主将，斗志全无，彻底放弃了抵抗，40余万饥疲之师全部向秦军卸甲投降。白起杀心大起，只放过其中年幼的240人的性命，将其余赵军降卒残忍坑杀。秦军终于取得了空前激烈残酷的长平之战的彻底胜利。

长平之战是秦、赵之间的一次战略决战，它开创了我国历史上时间最早、规模最大的野外包围歼灭战的先例。是役秦胜赵败的结局并非偶然。除了总体力量上秦对赵占有相对的优势外，双方战略指导上的得失和具体作战艺术运用上高低也是其中重要的因素。秦军之所以一举全歼赵军在于：第一，分化瓦解了关东六国的战略同盟；第二，巧妙使用离间计，诱使赵王犯下临阵易将、起用庸人的严重错误；第三，择人得当，起用深富韬略、骁勇善战的白起为主将；第四，白起善察战机，用兵如神，诱敌出击，然后用正合奇胜战法分割包围赵军，痛加聚歼；第五，在战斗的关键时刻，秦国上下一体动员，及时增援，协调配合，断敌之援，为白起实施正确的作战指导提供了必要的保证。

赵军惨败的主要原因，一是不顾敌强我弱的态势，贸然开战，一味追求进攻。二是临阵易将，让毫无实战经验的赵括替代执行正确防御战略的廉颇统帅赵军，中了秦人的离间之计。三是在外交上不善于利用各国仇视秦国的心理，积极争取同盟国，引为己助。四是赵括不知奇正变化、灵活用兵的要旨，既无正确的作战方针，又不知敌之虚实，更未能随机制宜摆脱困境，始终处于被动之中。五是具体作战中，屡铸大错。决战刚刚开始，就贸然出击，致使被围。被围之后，又只知道消极强行突围，未能进行内外配合，打通粮道，终于导致全军覆没的悲惨下场。在长平之战中，秦军前后共歼灭赵军约 45 万人左右，从根本上削弱了当时关东六国中最为强劲的对手赵国；同时，也给其他关东诸侯国以极大的震慑。从此以后，除了极个别的情况（如邯郸之战）外，关东六国再也不能对秦国进行像模像样的抵抗，秦国兼并六国，混同天下道路基本上畅通无阻了。

三 “大一统”的永恒主题

——中国历史上实现国家统一的经典战例

 秦统一六国之战

唐代伟大诗人李白《古风之三》诗中有言：“秦王扫六合，虎视何雄哉！挥剑决浮云，诸侯尽西来。明断自天启，大略驾群才。收兵铸金人，函谷正东开。铭功会稽岭，骋望琅邪台。”这里所讴歌的，就是战国末年秦国运用战争这一手段，完成兼并六国，实现统一大业的重大历史事件。

公元前 359 年，秦孝公任用商鞅实行变法改革，国力逐步强盛。从秦孝公到秦王嬴政的一百余年的时间中，秦国的发展日新月异，令人瞩目。在军事制度方面，它实行按郡县征兵，完善军队组织，“尚首功”，重训练，严军纪，大大提高了军队的战斗力，故荀子说：“齐之技击不可以遇魏氏之武卒，魏氏之武卒不可以遇秦之锐士。”① 在军事战略上，它改变了劳师远征

---

① 《荀子·议兵篇》。

而收利甚微的做法，采纳范雎远交近攻的策略，逐渐蚕食并巩固其占领地区，相继吞并巴蜀，灭掉西周、东周，攻占韩国的黄河以东和以南地区，设置太原、上党、三川三郡，其疆域包括今陕西大部、甘肃一部、山西中南部、河南西部、湖北西部、湖南西北部及四川东北部等广大地区。史书记载，"秦，四塞之国，被山带渭，东有关河，西有汉中，南有巴蜀，北有代马，此天府也"①。在战略地理上处于进可以攻退可以守的有利形势。"战车千乘，骑万匹，奋击百万"，军事综合实力远胜于关东六国。这种优越的战略形势为秦统一六国奠定了坚实的基础。

公元前238年，秦王嬴政铲除了丞相吕不韦和长信侯嫪毐集团，开始亲政，周密部署统一六国的战争。李斯、尉缭等人协助秦王制定了统一六国的战略策略。秦灭六国的战略有两个内容，一是乘六国混战之际，秦国"灭诸侯，成帝业，为天下一统"②，这实际上是战略目标的确定问题。二是战略步骤的筹划问题，即继承远交近攻之策，确定了先弱后强、先近后远的具体战略步骤，李斯建议秦王嬴政先攻韩、赵，"赵举则韩亡，韩亡则荆魏不能独立，荆魏不独立，则是一举而坏韩、蠹魏、拔荆，东以弱齐、燕"，主张"先取韩以恐他国"③。这一战略步骤可以概括为三步，即笼络燕、齐，稳住楚、魏，消灭韩、赵，然后各个击破，

---

① 《史记·苏秦列传》。
② 《史记·李斯列传》。
③ 《史记·秦始皇本纪》。

统一全国。在这一战略方针指导下，一场统一战争全面开始了。

公元前 236 年，秦王嬴政乘赵攻燕、国内空虚之际，分兵两路大举攻赵，揭开了统一战争的序幕。秦国经过数年连续攻赵，极大地削弱了赵国的实力，[①] 但一时尚无力灭亡赵国。于是秦国转而进攻韩国，公元前 231 年，攻下韩国南阳，次年，秦内史腾率军北上，攻占韩国都城阳翟（今河南禹州），俘虏韩王安，灭亡了韩国。

公元前 229 年，秦大举攻赵，名将王翦率军由上党（今山西长治市）出井陉（今河北井陉），端和由河内进攻赵都邯郸。双方相持一年后，赵军主将李牧为秦之反间计所除，赵军士气受挫，无力再战。王翦遂于公元前 228 年向赵国发起总攻，秦军很快攻占了邯郸，俘虏赵王迁，残部败逃，赵国灭亡。

秦国在攻赵的同时，兵临燕境。燕国无力抵抗，太子丹企图以刺杀秦王的办法挽回败局。公元前 227 年，太子丹派荆轲以进献燕国督亢地图为名，谋刺秦王嬴政，结果以失败告终。秦王嬴政以此为借口，派王翦率兵攻打燕国，秦军在易水（今河北易县境内）大败燕军。次年十月，王翦攻陷燕国都蓟城（今北京市），燕王喜率领残部逃窜到辽东（今辽宁辽阳一带），苟延残喘，燕国名存实亡。

---

① 《战国策·齐策一》载："（秦赵）四战之后，赵亡卒数十万。邯郸仅存。"

至此，地处中原四战之地的魏国已完全孤立无援。公元前225年，秦将王贲率军出关中，东进攻魏，迅速包围了魏都大梁（今河南开封），秦军引黄河之水灌城，攻陷大梁，魏王假投降，魏国灭亡。

早在秦军攻取燕都时，其已将进攻的目标转向楚国。公元前226年，秦王嬴政即召诸将商议攻楚之事。在前225年首次攻楚受挫后，秦王嬴政没有动摇灭楚的决心，遂于公元前224年委派王翦统率60万大军再次伐楚。秦、楚双方主力在陈（今河南淮阳）遭遇，王翦沉着待机，以逸待劳，楚军屡次挑战，秦军不与交锋。楚军主帅项燕只好率兵东归。王翦乘楚军退兵之机，挥师追击，在蕲（今安徽宿州市）大败楚军，阵斩项燕。次年，秦军乘胜进兵，俘虏楚王负刍，攻占楚都郢（今湖北荆州），灭亡了楚国。

五国灭亡后，只剩下东方的齐国和燕、赵残余势力。公元前222年，秦将王贲率军歼灭了辽东燕军，俘虏燕王喜，回师途中，又在代北（今山西代县）俘获赵国余部代王嘉，然后由燕地乘虚直逼齐国。齐王建慌忙在西线集结军队，准备负隅顽抗，作困兽之斗。公元前221年，秦军避开西线齐军主力，从北面直插齐国都城临淄（今山东淄博）。在秦国大兵压境、以石击卵的形势面前，齐王建放弃抵抗，向秦军缴械投降，齐国也彻底灭亡了。

至此，秦统一六国的战争宣告胜利结束，我国历史上第一次实现空前的大统一，"秦以区区之地致万乘之势，序八州而朝同列"，"吞二周而亡诸侯，履至尊而制六合，执敲朴以鞭笞天下，威振四海"①。

秦国能在短短的十余年时间里，摧枯拉朽一统六合，开创中国历史的新局面，"六王毕，四海一"（杜牧《阿房宫赋》），是由于其统一战争战略指导正确，作战指挥高明。第一，利用关东六国的矛盾，执行由近及远，先弱后强，各个击破的正确方针，首先灭掉相毗邻的韩、赵，然后趁热打铁，中央突破，攻燕灭魏，占领整个中原腹心地区；最后再接再厉，消灭两翼的强敌齐、楚。这一战争指导的运用是符合实际情况的，也是卓有成效的。而其中战略突破口的正确选择（首先攻赵），更起到了纲举目张的关键作用。关东六国的战略地位各不相同，这中间占主导地位的为赵、楚两国，赵为关东之屏障，乃秦之强敌；楚为关东之后盾，乃秦之大敌。只有首先破赵，全局上才能顺利展开，故秦的各个击破方针指向的第一个目标便是赵国，从而找到了战略上的正确突破口。

第二，在具体的战役指挥中，善于做到因情料势，量敌用兵，既关照全局，又保证重点。如在灭韩、破赵的战争中，根据具体情况，做到灵活机动，赵有机可乘则先行攻赵，韩呈败象则坚决灭韩。又如在灭楚之战中，能够虚心汲取因动员不足、择将不慎等原因而造成首战失利的教训，及时调整作战部署，倾全国之力打击对手，集中优势兵力深入楚国战略纵深，但又不同楚军作正面硬拼，而乘其反击失利、全线后撤

---

① 《贾谊集》，上海人民出版社，1976。

之际，发起攻击，予以聚歼。再如在攻齐之役中，避实就虚，以迂为直，出奇制胜，政治诱降与军事攻击双管齐下，一举而定。

第三，提倡和坚持速战速决的基本原则，同时巧妙使用间谍，密切配合军事上的进攻。秦军在作战指导上，始终坚持和贯彻"速战速决，大创聚歼"的方针，马不停蹄，士不解甲，不间断地对关东六国进行迅雷不及掩耳式的打击和征服，不给对手以任何喘息、反扑的机会，犁庭扫穴，席卷天下。而秦国君臣的间谍外交攻势也始终不曾间断，它破坏了关东六国的合纵联盟，分化和离间了关东六国的君臣关系，借刀杀人，除去六国中少数主张抗秦的名将、大臣，这样便给了军事进攻以直接有力的配合。

 楚汉战争：再造大一统
帝国的较量

秦末农民大起义推翻秦王朝反动统治后，政治形势发生了重大而急剧的变化，这就是起义军首领项羽和刘邦为争夺全国统治权而展开长期的战争，中国历史由此而进入了楚汉相争的新时期，而楚汉相争的实质，是双方为按照自己的意志而实现国家重新统一的生死较量。

楚汉战争前后近四年时间。战争初期，刘邦处于劣势地位。但是刘邦富有政治远见，注意争取民心，招揽军政人才，因而在政治上据有主动地位。在军事方面，刘邦虚心采纳韩信"汉中对"的献计，善于运用谋略，巧妙利用矛盾，做到示形隐真，乘项羽东进镇压田荣反楚之际，明修栈道，暗度陈仓，占领战略要地关中地区。而后又以替楚怀王（义帝）报仇为旗号，联络诸侯军56万袭占彭城，端了项羽的老窝，成为项羽的强劲对手。

然而在袭占彭城之后，刘邦满足于表面的胜利，置酒作乐，疏于戒备，让项羽的反击杀得丢盔弃甲，一败涂地。不得已实施战略退却，撤退到荥阳、成皋一线，与楚军相对峙。楚汉战争由此而进入战略相持阶段。

在战略相持阶段中，刘邦按照张良、韩信等人制定的战略，据关中为根本，实施以荥阳、成皋一线正面战场坚持为主，敌后袭扰和南北两翼牵制为辅的对楚作战方针，以政治配合军事，以进攻辅助防御，游说英布倒戈，从南线牵制项羽；派遣韩信开辟北方战场，剪除项羽的羽翼，对楚军进行战略迂回；联络彭越，袭扰楚军后方，迟滞楚军的进攻。同时由萧何治理关中、巴蜀，巩固后方战略基地，转运粮食兵员，支援前线作战；还采纳陈平的计谋，派遣间谍进行活动，分化瓦解楚军。

汉军的战略指导之本质是积极防御，在战略相持阶段曾成为汉军转弱为强的制胜法宝。在正面战场上，尽管楚军攻势猛烈，荥阳、成皋几经易手，形势经常不利于汉军一方，但是在关中根据地的人员物力源源不断的补充下，在敌后战场与北方战场的积极策应配合之下，刘邦在十分困难的条件下，最后还是牢牢控制住了成皋、荥阳等战略枢纽，使项羽处于进退失据、顿兵挫锐的被动处境，白白消耗力量，一筹莫展。

在北方战场上，韩信以杰出的指挥才能，为汉军的最终胜利打开了道路。他先后木罂渡河平定魏地，保障了正面战场翼侧的安全；挺进太行山脉，在井陉之战中背水布阵大破赵军 20 万人，阵斩陈余，擒获赵王歇，灭亡赵国，实现断楚之右臂的战略目标；遣使传檄，以强大的兵威慑服燕国，不战而下燕地；壅堵潍水，大败齐军，并一举歼灭龙且所率的楚方援军，平定三齐。韩信的作为，使楚的东方、北方之地完全落入汉军之手，汉军遂完成了对楚的战略包围，战场的主动权至此已转移到汉军一方，楚汉战争的战略格局与态势已面临全面的改变。

与此同时，南方战场的英布与敌后战场的彭越在军事上的进展也相当明显，尤其是彭越活跃在楚军后方的游军，不断扰乱楚军侧后，使项羽腹背受敌，首尾不能兼顾，对楚军造成极大的威胁，项羽计无所出，被动挨打，渐渐走向失败的边缘。

当刘邦在正面战场全歼曹咎守卫成皋的部队，再夺成皋，将战线推进到广武（今荥阳东北）一线；韩信大破楚将龙且部 20 万人于潍水；彭越多次截断楚军粮道，攻下昌邑（今山东金乡西）等多座城池，楚汉战争遂进入了汉军的战略反击阶段。此时项羽见大势尽去，不得不与刘邦议和，以鸿沟为界，中分天下，而后引兵东归。

由于汉军已对楚拥有了巨大的优势，刘邦遂把握时机，采纳张良等人的建议，撕毁墨迹未干的和约，于汉高帝五年（前202）十月，乘项羽引兵东撤之际，指挥汉军对楚军实施战略追击。十二月，在垓下（今安徽灵璧南）合围楚军，在会战中，韩信布设"五军阵"与项羽的部队进行激烈的交锋。韩信的高明指挥使楚军全线崩溃，一败涂地。绝望中项羽拼死突围而出，在乌江（今安徽和县）为汉军追及，项羽进行了最壮烈的厮杀，尔后自刎乌江，楚汉战争至此落下帷幕。

刘邦以弱小的力量，在楚汉战争中战胜强大的楚军，除了政治上注重争取人心和团结内部外，军事上的胜算主要在于对战略全局处置的适当合宜和作战指挥的高明正确。这具体表现为：第一，重视战备后方基地的建设，使汉军在人力物力上得到源源不断的补充，能够坚持长期的战争。第二，彭城之战失利后，鉴于汉弱楚强的实际情况，适时改变战略方针，转攻为守，持久防御，挫败项羽的速战速决企图。第三，制定出正面坚守、南北两翼牵制与进攻、敌后袭扰的作战部署，并坚决付诸实施，按"众寡之用"与"分合为变"的原则，正兵与奇兵交替使用，互为协同，巧妙策应，形成集中兵力与分兵钳制的有机统一，以主力抗衡敌之主力，以偏师打开战场局面，主次策应配合无懈可击，使楚军陷入多面作战的困境，顾此而失彼。第四，实施灵活机动的作战指导，致人而不致于人，千方百计调动对手使之疲于奔命；并积极争取外线，逐步完成对楚军的战略包围。第五，巧妙行间，分化瓦解敌军，善于争取诸侯，最大限度地在政治、军事、外交上孤立项羽本人。第六，根据战略态势的变化，及时调整、改变原有的战略方针，变积极防御、战略相持为战略反击，在时机成熟之时与楚军展开最后的会战，全歼楚军，赢得楚汉战争的最终胜利。

项羽的败北，乃是与他政治上、军事上的重大失策密切相关。他分封诸侯，违背了历史发展的趋势；他嗜杀好战，激起了民众的反对；他不重视争取同盟，导致了自己的孤立；他不善于起用人才、团结内部，导致了众叛亲离；他不注意战略基地建设，以至于无法长期支持战争；他缺乏战略头脑，只知道一味死打硬拼，没有主要的进攻方向，决定了他虽然能赢得不少战役、战斗的胜利，但却不能扭转战略上的被动，最终导致了战争的彻底失败。项羽战场指挥的成功和战略指导的失策之间的巨大矛盾反差，以及由此而产生的结局，给后世军事家留下了极其深刻的历史教训。

 西汉平定七国叛乱的作战指导

汉高祖刘邦战胜项羽，夺取天下，建立西汉政权后，错误地总结历史教训，认为秦朝的二世速亡在于没有分封宗室子弟为王，结果当天下纷纷起兵反秦时，就没有人为朝廷卖命，皇室"茕茕孑立，形影相吊"，孤立无援。所以，西汉建立后，刘邦即在全国实行郡国并行制，除了分封异姓功臣为诸侯王以外，还分封刘氏宗室子弟为同姓诸侯王。但是，事与愿违的是，虽然刘邦和吕后处心积虑、不择手段铲除了韩信、彭越、英布等异姓王，可刘邦一死，仍是祸起萧墙，变生肘腋，先有吕后长达十五年的专权与诸吕谋乱，后有各诸侯王的违法乱政，对抗中央，统治集团内部的矛盾并未因裂土分封和血缘上的同宗共祖而稍有减缓。

　　文帝在位时，由于地区的不平衡和区域经济的发展，各诸侯王的羽翼已趋丰满，足以与朝廷分庭抗礼，中央与地方诸侯王关系遂进入高度紧张的阶段，双方的矛盾冲突处于一触即发的状态。故贾谊上《治安策》，忧心忡忡地指出，同姓诸侯的不遵法守纪，野心勃勃，对抗朝廷，阴谋叛乱，是天下"可为痛哭"的危险，因而建议"欲天下之治安，莫若众建诸侯而少其力"，以便"令海内之势如身之使臂，臂之使指，莫不制从"[1]。汉文帝部分地采纳了贾谊和太子家令晁错的建议，一方面把诸王的一部分分封地收归朝廷直接管辖，另一方面在诸侯的封地内再分封几个小诸侯国，以分散削弱诸侯王的权力。同时还将自己的少子刘武封为梁王（封地在今河南东部），控制中原要地，屏障朝廷。但汉文帝宅心仁厚，未能采取进一步果断的行动。

　　汉景帝即位后，以皇帝为代表的中央政权与以诸侯王为代表的地方割据势力之间的矛盾更趋于激化。

---

　　① 《汉书·贾谊传》。

所以晁错提出"宜削诸侯事",主张"削藩",他敏锐地指出:"今削之亦反,不削亦反。削之,其反亟,祸小;不削之,其反迟,祸大。"①景帝感到事态严重,为了汉朝的长治久安,听从了晁错的建议,开始从事削藩。朝廷的这一政策,立即激起了各诸侯王的强烈不满,吴王刘濞纠合了胶西王、胶东王、菑川王、济南王、赵王、楚王等诸侯,并约请闽越、东越等出兵相助,以"请诛晁错,以清君侧"为借口,策划叛乱。景帝屈服于压力,杀死晁错,以求与诸侯王相妥协,但叛乱并未因之而平息。景帝前元三年,吴王刘濞公开举起反叛旗帜,起兵30万,从广陵出发渡淮河,向西汉统治中心进发,计划渡淮河后,与楚军会师,一举夺取梁地,解除西进时的后顾之忧,西向攻取荥阳,然后与北路的赵国叛军和南路的南越叛军会师于洛阳,尔后合力西取长安。当时出兵者共有吴、楚、胶西、胶东、菑川、济南、赵七国,故史称"七国之乱"。局势的发展表明,中央再无退缩妥协的余地,只有从军事上彻底击败叛军,才能战胜地方割据势力,维护中央的权威,再造全国一统的局面。为此,汉景帝任命周亚夫为汉军总指挥,统领36将军率汉军主力东攻吴楚,另派郦寄击赵,栾布攻齐,并以窦婴屯驻于荥阳,居中策应。决心以武力粉碎这场来势汹汹的武装叛乱。

周亚夫临危受命之后,即认真制定了平叛的总战

① 《汉书·晁错传》。

略。这个战略与策略方针，对于迅速平定叛乱起到了决定性的作用。其在战略谋略与作战指导上有以下几个层次与特点。

其一，战略指导上的避敌锐气。避敌锐气是为了营造战略反攻的有利时机，变被动为主动。吴国地处海滨，境内有鱼盐矿藏之利，国富民殷，经济实力在各诸侯国中最为雄厚，而吴王刘濞处心积虑苦心经营30年后反叛中央，又动员并联合了六个诸侯国一起行动，急于与汉军决一死战，汉军则是被动迎敌。在这种情况下，如何对付吴、楚叛军，必须慎重从事。周亚夫认识到了战略态势上的这种客观情况，所以一领受平叛重任，立即将自己的平叛方略面奏汉景帝，认为"楚兵剽轻，难与争锋"，在战略上汉军不能立即与叛军死拼，必须避其锋芒。所以他请求汉景帝："愿以梁委之。"① 即不能计较一城一地的得失，而是宁可舍弃部分土地，以空间换取时间，牵制和迟滞叛军的行动，待敌人疲惫，再相机破敌。这一总体战略原则的确立，对汉军取得平叛的最后胜利是至为关键的。

其二，在战略主攻方向上以吴王刘濞所率吴、楚联军为重点。"七国之乱"虽有七个诸侯国参加，但核心是吴国。从当时形势看，吴王刘濞所率的吴、楚联军是叛军中对西汉威胁最大，也是各路叛军中实力最强的。因为，在山东的胶西、胶东、菑川、济南四国

---

① 《汉书·周亚夫传》。

虽也起兵反叛中央，但却将主要兵力用于围攻齐国的临淄，一直未敢向汉朝统治的腹心地带进攻。河北的赵王实力有限，在观望中向中原进兵，汉廷派偏师即可予以遏止。同时，吴王刘濞虽计划三路进兵，分进合击，但由于作为策应的其他两路均未按计划行动，实际上只是以吴王刘濞率领的吴、楚联军一路突出，孤军作战。这样，如果将吴、楚联军击败，其他叛乱势力就不足为虑，而可轻易化解。比如，汉景帝派去钳制赵、齐叛军的是汉朝的二流将领郦寄和栾布，并且只予其部分兵力。所以，汉朝中央在制定战略决策时，就认为吴王刘濞是叛乱的主谋和核心人物，将其统率的吴、楚联军视为叛军的主力，因而自然是汉军主要的打击对象。周亚夫被任命为汉军主力的统帅后，十分明白自己肩负的重任，视"制"东方的吴楚为自己最重要的使命，所以在战略部署上以东出洛阳、荥阳为击败叛军的要着。

其三，实现战略决策过程中运用了高明的战略指导，即避短用长，抢占战略要地。周亚夫作为平叛的主帅，不仅有卓越的军事指挥能力，而且善于听从谋士们的高明建议。他首先接受了赵涉的建议，改变行军路线，平叛大军避开潼关、崤渑和函谷关的险道，而是改行长安东南，出蓝田、武关，迂回至洛阳，顺利抢占洛阳的武库，以迅雷不及掩耳之势，夺取荥阳要地。荥、洛是叛军进入关中的唯一通道，也是叛军战略计划中西进关中的必经之地。占据荥、洛，就使汉军处于可攻可守的地位，不利时可以在此与叛军相持，拒敌于无险可守的黄淮平原；形势有利时则可以利用车兵的优势，东出歼敌于平原旷野。事实上，吴王叛乱之初，吴国的将领桓将军即向吴王刘濞献策："吴多步兵，步兵利险，汉多车骑，车骑利平地"①，建议挥师快速西进，沿途不要将精力用于攻城夺地，最好是以最快速度抢占洛阳的武库，据有荥、洛之间的山地和黄河渡口，这样，即使不能西入关中，仍可以号令天下，"虽无入关，天下固定矣"②。只是吴王并未听从这一高明的建议。而周亚夫则认识到荥、洛的战略地位，捷足先登，让叛军以为从天而降，没有时间去争夺这一天下之中枢，从而在战略上站稳了脚跟，陷敌于被动。夺取荥、洛后，周亚夫曾说："七国反，吾乘传至此，不自意全。今吾据荥阳，荥阳以东，无足忧者。"③ 其次，在吴楚叛军急攻梁地的情况下，周亚夫按照预先设计的战略，不急于率兵奔赴东南去救援正被吴、楚联军进攻的梁国，而是听从了邓都尉的建议，避吴军之锐气，进据昌邑，与梁国睢阳的守军形成掎角之势，这样，既可威胁吴楚联军的侧背，又可防止吴军绕过梁地西进荥阳。进据昌邑后，又深沟高垒，对叛军守而不战，结果，吴军尽锐以攻梁，尽管梁王求救，景帝也亲自下令周亚夫率军援梁，但周亚夫不为所动，而是按既定战略，待吴军久攻梁地不下，力疲志殆，陷于无法脱身的地步后，才派弓高

---

① 《汉书·淮南衡山济北王传》。
② 《汉书·淮南衡山济北王传》。
③ 《资治通鉴·汉纪八》。

侯等率轻骑兵迳出淮泗口，迂回到叛军的后方，切断叛军粮道，使叛军陷于粮尽兵疲的境地。等到叛军粮食断绝，又久攻梁地不下，急于寻找汉军主力决战时，周亚夫在下邑（今安徽砀山）仍坚壁不出，进一步疲敌。最后，吴军只得无功而撤，这时周亚夫认为决战时机已到，立即率精兵追击，结果以逸待劳，变被动为主动，一举消灭了吴、楚疲惫之师。彻底平定了吴楚七国之乱。

西汉平定吴楚七国叛乱的战争，是一场反对割据、维护国家统一和安定的战争。在这次战争中，汉军抢占关东战略要地荥阳，控制南北要道，争得了战略上的主动，造成了东阻吴楚、北拒齐赵、屏蔽关中的有利态势。然后以一部钳制齐赵，而把吴楚作为主要打击目标，并根据楚军剽轻、吴军精锐的客观情况，采取了"以梁委之"，吸引和消耗吴楚联军、乘敌疲敝而后击的正确作战方针，最终各个击破，迅速平定了七国之乱。反观吴、楚等七国，为了维护诸侯割据而发动战争，破坏国家统一和社会安定，违背了历史发展的潮流。七国内部钩心斗角，矛盾重重，各怀鬼胎，步调不一，缺乏统一的计划和指挥。叛乱初期所提出的分进合击，从南、北、东三个方向包围关中，先取荥、洛，会师长安的构想，由于各诸侯国或临时背约，或轻易改变，或屯兵观望而化作泡影。吴王既不听田禄伯、桓将军的进军计划，又忽视了对粮道的设防，孤军一路，全力攻梁，结果顿兵坚城，丧失主动，最终失败不可避免。

东汉王朝统一之战的战略指导

东汉王朝的统一之战，是指东汉光武帝刘秀利用新莽政权被推翻后群雄并起、中原无主的有利时机，以武力进攻为主，以政治诱降为辅，先后兼并群雄，抚降赤眉农民军的一场战争。战争的结果，是刘秀重新建立起封建统治秩序，开创所谓"光武中兴"的新局面。这场战争历时多年，先后经历了占据河北、平定关东、攻占关中、并陇灭蜀等几个主要阶段，堪称我国古代封建统一战争中的一个范例。

占据河北。在反抗新莽统治的绿林、赤眉大起义爆发后，刘秀即和他的兄长刘縯一起，起兵响应，并统率义军在决定起义最终成败的关键一役——昆阳大战中大破王莽军主力，为推翻王莽统治作出决定性的贡献。绿林军内部发生内讧后，刘秀忍辱负重，取得更始帝刘玄等人的信任，前赴河北独当一面。刘秀利用这一机会，采纳邓禹《图天下策》中"延揽英雄，务悦民心，救万民之命，复高祖之业"的战略建言，收编当地铜马等部农民军，打着复兴汉室的旗号，不断壮大自身的实力，以河北为根据地，开始了自己逐鹿中原，并吞天下的大业。羽翼丰满后，刘秀遂公开与更始政权决裂，于更始三年（公元25）六月，在鄗南（今河北柏乡）即皇帝位，沿用汉的国号，并以这一年为建武元年。不久，定都洛阳，史称东汉。至此，刘秀统一全国的战争完成了第一个阶段的战略目标。

平定关东。刘秀称帝后，虽然初步控制了中原（今河南、河北大部和山西南部）要地，但是仍处于各种武装势力的包围之中，东有青州的张步、东海的董宪、睢阳的刘永、泸江的李宪，南有南郡的秦丰、夷陵的田戎，西有成都的公孙述、天水的隗嚣、河西的窦融、九原的卢芳，北有渔阳的彭宠。此外尚有绿林、赤眉等农民军活动于河水（黄河）南北，据有关中。刘秀根据形势，听从来歙所献的《平陇蜀策》，分析战局，权衡利害，制定先关东后陇蜀，先东后西，由近及远，集中兵力，各个击破的战略方案，决定先集中力量消灭对中原威胁最大的关东武装势力，再挥师西向求得进一步的发展。

在平定关东的具体步骤上，刘秀先将打击的目标指向南方的刘永、邓奉、董沂、秦丰、田戎等割据势力，经过一年多时间的激烈战斗，汉军逐次消灭了刘永、田戎、秦丰等集团，既解除了对京师洛阳的重大军事威胁，又为日后西进赢得了重要的战略基地。

在南方地区得到基本平定的情况下，刘秀进而采取了"北守东攻"的战略方针，先后消灭盘踞燕蓟地区的彭宠集团，占有今山东一带的董宪与张步势力以及割据今安徽一带的李宪集团。至建武六年（公元30），汉军在前后四年的时间里，将关东地区各个割据势力全部铲除。

关东地区的统一，有力地巩固了东汉政权，为刘秀稳定中原与关中大局，日后击灭隗嚣、公孙述，夺占陇、蜀，赢得统一战争的最后胜利，奠定了坚实的基础。

占领关中。在平定关东的同时，刘秀也展开了对关中地区的军事行动。

自古以来，关中之地便号为"金城千里"，为兵家所必争，"带山阻河，形势便利"①，对于争夺全国统治权具有重大的战略意义，故清人顾祖禹有言："陕西据天下之上游，制天下之命者也。"② 刘秀同样深谙这层道理，所以称帝后即委派邓禹、冯异、耿弇、侯进等将领率兵经营关中，与取代更始政权占据长安等地的赤眉起义军争夺这一战略要地。经过崤底之役和宜阳之役，战胜赤眉军，牢牢控制了以长安为中心的大部分关中地区，为实现全国的统一又迈出了战略上的重要一步。

扫荡陇蜀。刘秀实现统一全国的战略目标最后阶段是扫荡陇、蜀。在收降赤眉军，削平关东群雄之后，西平陇、蜀，统一全国就提到议事日程之上了。当时，窦融据有河西，隗嚣占据陇西，公孙述割据巴蜀，刘秀根据形势，制定了以近及远，先弱后强，稳定和争取窦融，先陇后蜀，各个击破的战略方针，先后发起了攻打陇西与平定巴蜀之战。

建武六年（公元 30）四月，刘秀正式发动伐陇之战，经过历时四年的艰苦征战，终于在建武十年（公元 34）十月，攻陷隗氏集团在陇西的最后据点落门

---

① 《资治通鉴》卷十一。
② 《读史方舆纪要·陕西方舆纪要序》。

（今甘肃武山东北），彻底平定陇西地区。在此期间，刘秀还争取到窦融的归附，不战而下河西地区。

陇西平定后，公孙述割据的巴蜀便成刘秀统一大业的最后一个障碍。刘秀再接再厉，决定对公孙述用兵。他针对公孙述东依三峡、北靠巴山、据险自守的军事部署，制定了水陆并进、南北夹击、钳攻成都的作战方略。派大将岑彭、大司马吴汉率荆州诸军由长江溯江西进，命大将来歙率陇西诸军出天水，指向河池（今甘肃徽县西北），相机南进。

公孙述拥有较强的实力，对刘秀的进攻进行了殊死的顽抗。因此，汉军自建武十一年（公元35）春发动的灭蜀之战打得非常艰苦，南北两路的主帅（来歙、岑彭）先后为公孙述派遣的刺客暗杀。但尽管如此，汉军毕竟在战略上已占有巨大的优势，还是一步步攻城略地，逐渐推进到公孙述的老巢成都城下。

建武十二年（公元36）十一月，由吴汉所率的汉军主力在成都近郊与公孙述军队进行最后决战，大破蜀军，公孙述负重伤身亡，成都城守将延岑举城投降。至此，刘秀胜利占有巴蜀地区，取得了统一战争的最后胜利。

作为东汉王朝统一之战的最高决策者，刘秀在这场战争中表现出卓越的战略应变能力和杰出的作战指导艺术。他高明制定全局性的战略方案和阶段性的策略方针，争取政治上的主动，经营和据有河北，作为战略根据地，为日后的发展奠定基础；善于观察形势，把握战机；注重占取地利，稳固后方；重视集中兵力，由近及远，分清主次缓急，各个击破，避免出现多面树敌、多个方向同时作战的被动；善于运用军事打击与政治攻心双管齐下的手段，争取盟友，分化敌对势力；高度重视利用人和，发现和拔擢将领，放手使用，不多掣肘，使他们得以充分发挥军事才能；能够适时总结经验，不断改进战法；善于避实击虚，奇正并用，围城打援，运动歼敌；强调连续进击，穷追猛打，不给敌人以喘息和反扑的可能。这一切均表明刘秀所指挥的统一战争战略指导是完全成功的。

西晋灭吴成一统

唐代著名诗人刘禹锡，曾写过一首脍炙人口的咏史诗《西塞山怀古》。诗中写道："王濬楼船下益州，金陵王气黯然收。千寻铁锁沉江底，一片降幡出石头。人世几回伤往事，山形依旧枕寒流。从今四海为家日，故垒萧萧芦荻秋。"它所咏怀的，就是我国历史上西晋灭吴统一全国的重大事件。在这场战争中，西晋方面占有各方面的优势，但其战争指导者仍然以高度重视的态度从事战争准备，通过精心策划，严密部署，终于以石击卵，一举而胜，在中国战争史上谱写下辉煌的篇章。

公元263年，魏军雄师在钟会、邓艾等人的统率下，一举剪灭偏居西南一隅的蜀汉政权，从此打破了三国鼎立数十年的对峙局面，全国开始复归统一。265年，权臣司马炎一手导演了一场"禅让"闹剧，代魏自立为帝，改国号为晋，史称西晋。他登基后，即开始积极从事伐吴统一全国的大业。

司马炎在羊祜、杜预等贤臣的辅佐下，经过近 20
年的苦心经营，晋吴之间的力量对比发生了根本性的
变化。晋国在经济上减免民众的赋役，劝课农桑，兴
修水利，发展生产，增殖财富，使国家经济实力有了
进一步的增强。在军事上选拔将帅，建设水军，练兵
习武，广屯军粮，使军事力量有了显著的扩增。在政
治上西晋统治者也能注意废除苛法，争取民心，分化
敌手，稳定内部，从而赢得了较大的主动。加上灭蜀
后业已据有长江上流，处于有利地势，更是如虎添翼，
不可抗衡。可以说，至此，西晋已完全形成了对江东
孙吴政权战略上的全面优势。

相形之下，孙吴政权方面却是"无可奈何花落
去"，每况愈下。这表现为主昏臣贪，内乱无已，赋役
苛重，刑罚滥酷，民不聊生，矛盾激化。在军事上，
吴国君臣自恃拥有长江天险，对晋的战略意图不予任
何重视，对陆抗等人的建议和警告置若罔闻，将恬兵
嬉，守备松弛，给晋的进兵提供了千载难逢的良机。

公元 279 年冬，晋武帝司马炎认为伐吴的时机完
全成熟，就果断及时地大举兴师，调发兵力 20 万人渡
江击吴。晋军凭借自己在兵力上的优势，采取了先据
上游，顺流而下，水陆并进，多路合击的作战指导方
针。将 20 万精锐之师分为六路，一路由龙骧将军王濬
统率，自巴、蜀顺流浩荡而下；一路由建威将军王戎
率领，向武昌方向进兵；一路由平南将军胡奋指挥，
兵锋直指夏口（属今湖北武汉市）；一路由镇南大将军

杜预统辖，自驻地襄阳进军江陵（今湖北江陵）；一路由安东将军王浑带领，自和州（今安徽和州）出击，席卷江西之地；一路由琅邪王司马伷统领，自驻地下邳杀向涂中（今安徽滁河流域）。并以太尉贾充为大都督，行冠军将军杨济为副，总领全军，居中调度。军事部署基本就绪之后，晋军即从东西各线发起全面的进攻。

晋军上下呼应，东西齐出，水陆配合，多路并进，在长江上、中、下游同时展开行动。王濬军出巴、蜀，突破长江三峡天险，焚毁吴军设置的拦江铁锁，势如破竹，进克西陵、夷道（在今湖北宜都）等战略要地。杜预军攻克江陵，胡奋军夺取公安（今湖北公安西北），晋军第一阶段的作战计划至此完全得到实施。

接着，王濬、王戎、胡奋诸军又合兵乘胜进击，连克巴丘（今湖南岳阳）、夏口、武昌等重镇。杜预部南下攻占零陵（今湖南零陵）、桂阳（今湖南郴县）、衡阳（今湖南湘潭西）等地，对吴军形成战略包围。东线晋军也在王浑等人的率领下，击败吴军精锐三万，阵斩吴国丞相张悌、丹阳太守沈莹、护军孙震等，逼近长江北岸。一时间，晋兵席卷东南，杀吴将，败吴军，所向披靡。

吴军被动应战，计无所出，处处设防，处处薄弱，节节抵抗，节节败退，土崩瓦解，大势尽去。晋武帝太康元年（280）二月中旬，晋军乘胜渡过长江，分头聚歼各地残存的吴军。到了三月间，吴都建业（即秣陵，今江苏南京市）已完全成了一座空城，吴国末代君主孙皓虽垂死挣扎、负隅顽抗，几次拼凑军队抵御晋军攻势，但吴军早已成惊弓之鸟，根本没有斗志，不是"望旗而降"，就是连夜逃亡，已无回天之力了。晋军距离最后的胜利仅剩下一步之遥。

三月十五日，这一天对于吴君孙皓来说，乃是最悲惨最黑暗的日子，戎卒八万、方舟百里的晋军王濬所部，就在这一天浩浩荡荡攻入吴都建业。孙皓无可奈何，被迫肉袒面缚，垂头丧气前往王濬军门请降。至此，吴国彻底灭亡，西晋王朝统一全国，结束了东汉末年以来国家长期割据分裂的局面。

这场统一战争中晋军的获胜和吴军的失败都不是偶然的。晋军的胜利，在于它顺应历史的潮流，所从事的统一战争性质的正义；在于它发展生产，增强经济实力，为军事行动的展开做好充分的物质准备；在于它整顿内部，改良吏治，任用贤能，调和关系，群策群力，众志成城；在于它控制巴、蜀及襄阳等战略要地，占有地理条件方面的优势，进可攻、退可守，掌握了战场上的主动权；在于它重视兵器的改良与制造，尤其是注重舟楫的建造，水师装备的完备，以适应渡江作战的需要。加上在战争行程中能做到"主固勉若，视敌而举"，"用其所欲，行其所能"，善于"称众，因地，因敌令陈"，贯彻多路并进、互为协同配合的原则，"前后序，车徒因"，终于在较短的时间内顺利实现了自己预定的战略目的。而吴军的失败，则在于它处处违背了正确的战争指导规律，既没有做好充分的战争准备，又不能在战事爆发后实施正确的战略战术方针，内部矛盾重重，临战计无所出，畏怯丧胆，"不服、不信、不和、怠、疑、厌、慑、枝、柱、诎、顿、肆、崩、缓"，诸项"战患"，一应俱全。如此，焉能不兵败如山倒，身擒国灭！

泗水之战与苻坚统一战略的失策

由纷乱分裂走向天下一统虽是任何人都无法抗拒的必然归宿，是中国历史发展中不可逆转的主流，但这一过程是一个至为复杂的历史运动，合理的愿望并不能不顾主客观形势，超越历史条件而为所欲为。所以必须讲究时机，只有历史条件成熟了，统一大业的实现方可水到渠成，瓜熟蒂落。否则，只能是欲速不达，甚至会导致整个统一进程的顿挫。

对时机的准确判断和把握是制定战略的更高层次的要求。常言道，"识时务者为俊杰"。可见，是否"识时务"是判别统一大略决策者水平的试金石。战国黄老学派的经典著作《经法》强调："静作得时，天地与之；静作失时，天地夺之。"[①] 这个"时"，就是历史发展的趋势、方向，人们可以认识它，顺应它，但却不能违背它，"时不至，不可强生"，对于不同的时势只能采取不同的策略，否则，只能是事与愿违，正

---

① 《经法·十大经·姓争》。

如《经法·亡论》所说的"所伐当罪，其福五之；所伐不当，其祸什之"。可见，审"时"就是要认清时机，度"势"就是要把握历史运动规律，把握历史的进程和发展趋势。因此，对于统一大业实施者来讲，首先应该把统一作为远期或最终目标来加以认识和追求，要考虑到历史的发展有一个过程，时机的成熟也有一个过程，并不是说追求统一就应该马上付诸具体的军事行动，决不能只见到自己表面的强大而忽视了各种不利于统一的条件。

统一战略决策者因昧于时势而惨遭失败，这方面的例子在历史上可谓不胜枚举，其中最具代表性的，也许可首推前秦皇帝苻坚于公元 383 年发动的平晋统一全国之役。在这场战争中，苻坚刚愎自用，拒绝苻融等绝大多数大臣反对向南方用兵的正确建议，挥师仓促南下，攻打东晋，结果在淝水地区遭受东晋劲旅的坚决抗击，在遭到洛涧遭遇战等战斗的挫折后，又在决战中因移动军阵而导致部队大乱，为东晋谢玄、谢石等人率领的北府兵所乘，百万之众的前秦雄师顷刻之间土崩瓦解，溃不成军，苻融等重臣大将殁于战阵，秦军尸横遍野，惨不忍睹。"八公山上，草木皆兵"，秦兵狼狈北窜，"风声鹤唳"，遂使得战前苻坚所表达的"投鞭于江，足断其流"的万丈雄心成为痴人梦呓，千古笑柄。而苻坚好不容易才统一起来的北方中原地区，也因前秦军队的淝水大败而重新陷入分裂动乱的局面。

淝水之战苻坚的失败与东晋的取胜不是偶然的。

符坚的失败，首先是战略指导上的失误，主观武断，轻易开战，水军薄弱，战线过长，未能在局部上真正形成优势，洛涧之战一败即动摇斗志；淝水决战时，又为降将朱序所欺骗，轻易移动军阵，导致自乱阵脚。另外，骄傲自大，昧于对晋军实力与动态的了解与掌握，也使得作战失败成为无法扭转的趋势。反观东晋方面，则上下"同意"——上至皇帝，下至百姓，都主张抗击秦军的进犯；将帅有能——谢安指挥若定，谢石、谢玄等人应变自如，刘牢之骁勇善战；士卒精练——北府兵以一当十；得有天时地利——水军实力强大，气候条件适应，地理形势熟悉。所有这些，合在一起就为晋军在淝水之战中赢得胜利奠定了基础。而具体战斗过程中的战术运用得当，则有力保证了使这一胜利的可能转化为现实。

当然，前秦王朝这次谋求统一的失败，除了上述军事战略指导和临战用兵指挥上的种种失误，关键是在大战略上的失误。符坚的过错在于他违背了王猛的"临终遗言"①，急于求成，在统一的主客观条件尚不具备的情况下，便倾全国之力仓促发动统一战争，结果只能为自己的昧于时势付出最沉痛的代价。

前秦在北方地区的崛起是骤然而至的。符坚在收用汉人谋士王猛为相治理国政后，政治修明，经济繁

---

① 《晋书·符坚载记》载王猛临终前向符坚进言："晋虽僻陋吴越，乃正朔相承。亲仁善邻，国之宝也。臣没之后，愿不以晋为图。鲜卑、羌虏，我之仇也，终为人患，宜渐除之，以便社稷。"

荣，兵士精练，国力强盛，所谓"国富兵强，战无不胜，秦国大治"①。在此基础上，他先后剪灭前燕、仇池杨氏、前凉、代国等诸多北方割据政权，统一了中国的北方，"平燕定蜀，擒代吞凉，跨三分之二，居九州之七"②，建立了东起高句丽，西至西域、梁、益（今甘肃、陕西、四川等地），南迄江淮的庞大帝国。

在统一北方之后，苻坚就企冀顺势南下，吞灭东晋，实现国家的统一。应该说，苻坚对统一的向往是出于至诚的，原本无可非议。众所周知，自东汉末年以来，周边各族在中原地区轮番登场，在北方这个民族的大熔炉中，胡汉交融，共同学习与互补成为普遍的现象。中国文化"天下一家"、"大一统"的思想观念逐渐为少数民族所接受。苻坚本人就深受儒学的影响，他以天下为怀，企求统一，正是文化大融合中汉文化浸润的自然反映。所以尽管他的统一方略并不能得到大多数臣属的拥护支持，他还是最后作出决断：本人决不把消灭敌人的担子留给子孙后代，成为国家的一大忧患。所以，从这一意义上讲，苻坚的以天下一统为怀，并不是一种矫饰，其间包含着对历史必然性与合理性的理解，有着强烈的历史使命感。

然而，苻坚的统一努力最终以失败收场，问题就出在他未能知彼知己，审时度势，在统一时机的把握上发生了严重的偏差。因为前秦虽然在较短的时间里

① 《晋书·苻坚载记》。
② 《晋书》卷一一五。

逐一兼并了北方各割据政权，但靠的是强大的军事力量，以征服手段完成的，内部的民族矛盾依然尖锐，那些刚刚归附的民族多怀二心，前秦的统治秩序远未稳固。因此，对苻坚来说，巩固北方的统一尚需要有一个较长的过程，只有在内部整合巩固的基础上，方可谋求用兵南方，致力统一，否则便是率意妄为，操之过急。

就南方而言，晋室南渡后，一直面临着生死存亡的问题，同时，它虽顿失中原，偏安一隅，但却仍以中原正统自居，有北伐中原、重建全国政权的理想。谢安执政后，又进用贤才，团结大臣，识拔了一批文武人才，在政治、军事方面"君臣辑睦，内外同心"、"百姓乐业，谷帛殷阜"。因中原战乱流寓到南方的民众，除有故国之思外，还有保卫新家园以求安定的愿望，并未对东晋政权失望。这就是当时的现实，也就是所谓的"时势"。所以王猛临终前"不以晋为图"的告诫是切中肯綮的。对苻坚来说，正确的战略抉择是，暂时不要贸然发动统一战争，而应该与东晋保持友善的睦邻关系，赢得和平，赢得时间，俾可专心于内部问题的解决，为日后一统天下积蓄力量，耐心等待历史的机遇，俟各方面条件成熟后，再挥师南下，实现统一。

显而易见，当时"时势"的根本特征，是南北统一的历史条件尚未成熟，这既包括当时北方和南方的经济条件，均难支撑起一个全国性的政权；也包括历史上传统的"南船北马"问题未遑在短时间内加以解决，在仓促发动统一战争的情况下，北方的步、骑在南方水泽地区和南方水军面前势必难逞其长。这正如田余庆先生所说："从政治、军事两个方面看来，淝水之战中的前秦显然是远逊于灭吴之战中的西晋，而淝水之战中的东晋从总体上说来，却又强于灭吴之战中的孙吴。由于两次战争条件的不同，晋灭吴之战瓜熟蒂落，水到渠成，而符坚淝水之战则否。淝水战前，北方的统治秩序远未稳定下来。氐族贵族中权利的分配尚未基本完成；被统治民族激烈对抗氐族统治的形势尚未消失；新的一轮争夺北方统治权的斗争正在酝酿之中。"① 所有这一切，都表明了北方的民族融合并未发展到相当的水平，北方尚没有积蓄起统一南方的充足力量，北方统一南方的条件远未成熟。在这种背景之下，符坚过分迷信自己在军队数量上的优势，认为"有众百万"，便可以"投鞭于江，足断其流"，企图将统一国家的大业"毕其功于一役"，这就是十足的虚幻想象、昧于时势了。其结果只能是丧师辱国，贻笑大方。突然崛起的前秦，不仅未能完成统一大业，反而经淝水之战，流星一样地从历史的舞台上消失了。

美国战略学家柯林斯指出：大战略是在各种情况下运用国家力量的一门艺术和科学，如果认为单凭武力就能打赢战争，那是愚蠢的。事实上，如果没有政治、经济、社会、文化与心理等因素的参与，予以有

---

① 参见田余庆《东晋门阀政治》，北京大学出版社，1996，第239页。

机的配合，军队是无法取得战争的胜利的。而大战略成功的先决条件之一，就是要善于判断形势，把握时机。苻坚在国家统一大战略制定与实施上的碰壁，恰好从反面进一步证明了统一问题上正确把握与利用时机的极端重要性，他在这方面的教训，同样能给人们以深刻的启示。

 7 北魏统一北方之战的战略指导特色

中国历史上的十六国时期，经过百余年的残酷征战，北方地区又渐渐呈现出了走向统一的趋势。而最终完成这一历史任务的正是鲜卑族拓跋部所建立的北魏王朝。

北魏统一北方的战争是在北魏政权第三代君主太武帝拓跋焘主持下展开的，始于始光三年（426），迄于太延五年（439）。在短短十余年的时间里，拓跋焘统率北魏大军先后攻灭夏国，灭亡北燕，平定北凉，统一了北方，结束了历时100多年的十六国分裂局面，从而与南方的刘宋政权并立，形成了南北朝对峙的新格局。

北魏能够在较短的时间里剪灭北方地区多个政权，完成北部中国的统一，关键的原因是其战略指导的高明与作战指挥的正确。具体地说，北魏统一北方之战的战略指导特色与成功经验体现在以下几个方面。

第一，政治、经济措施得力，为军事斗争提供强大的支持，为统一北方奠定坚实的基础。拓跋焘"聪明大度"，继位后，采取多项措施，如整顿税制，分配土地给贫人，安置流民，稳定社会，发展经济，任用崔浩等汉族地主阶级知识分子为辅弼，参与政治，从而加强与中原汉族地主的结合，促进北魏社会政治封建化的进程，同时发展军备，提高军队战斗力，这样就使得北魏的国势日益兴盛，为统一北方军事活动的展开创造了极为有利的条件。

第二，正确选择战略打击的突破口，达到各个击破的目的。北魏统一北方之战，是在面临诸多对手，情况复杂多变的背景下开展的，但其统治者战略指导的高明，在于能够审时度势，确定先后打击的目标，选择最有利的时机和最可行的方向作为统一战略实施的突破口。

拓跋焘登基后，即把平定北方提上议程。但关于以谁为率先打击的对象，统治集团内部一直争论不休，有的主张先伐北燕，有的则主张先攻蠕蠕。北方士族出身的崔浩则认为应先击夏国，理由是"赫连氏（夏主）土地不过千里，政刑残虐，人神所弃，宜先伐之"①。最终拓跋焘接受了崔浩的建议，决定先攻夏国。

夏国立于关中，其统治者赫连勃勃暴虐无道，任意屠杀臣民，搞得"夷夏嚣然，人无生赖"，导致国力衰弱，民众离心，赫连昌继位后，局面更趋恶化，已濒临全面崩溃的边缘。进攻它既有取胜的条件，又可

---

① 《魏书·崔浩传》。

据有关中战略形胜之地，北魏先伐夏国，无疑是战略上正确的选择。而一旦打下夏国，就能对其他割据政权造成极大的威慑，产生多米诺骨牌效应。

第三，善于根据战略形势的变化，随时调整自己的进攻方略。拓跋焘统一战争战略指导的高明，还表现为能够根据形势的变化，作出必要的调整，确保自己战略意图可以克服各种障碍得以充分的实施。如在攻夏之役取得阶段性胜利后，北魏的北境因受到蠕蠕不断南下侵扰而面临严重的安全问题，于是拓跋焘及时作出决定，暂停攻灭夏国的战争，转而挥师北上，大规模反击蠕蠕，大破对手。在基本上解决了北方的边患之后，再重新回头收拾夏国的残余力量。这种因形势需要进行必要的战略调整应该说收到了很好的效果，从中也反映出拓跋焘战略指挥的务实性与灵活性。

第四，善于运用外交手段，分化敌人，孤立对手，避免出现两线作战的被动局面，减少统一北方过程中的阻力。如延和元年（432）六月，拓跋焘亲征北燕，为了防止南方的刘宋政权乘虚北上，使自己处于多面受敌的困境，拓跋焘做了大量的防范性工作，其中一项重要的内容就是派遣使者主动与刘宋政权通和，达到了在一定时间里稳定住南部战线的目的。

第四，在具体的作战过程中，实施灵活机动的作战指导方针，战法先进，战术高明，不断取得各种战斗的胜利。这一点，在攻打夏国都城统万城一役中有鲜明的反映。此战北魏军队奋勇杀敌，呼啸进攻，尽歼夏军主力十余万众，并一举攻克城坚池深的统万城，可谓是北魏在统一北方的征途上迈出的重要一步。

在这一战役中，拓跋焘表现出了远大的战略眼光和高明的作战艺术，能够全面分析战略形势，坚定贯彻攻昧兼弱的基本原则，趁夏国内部国君新立，矛盾重重，形势混乱之际，及时出兵征伐，在实施进攻过程中，能根据统万城池坚固，强攻不易的具体条件，避免强行攻城，而是运用谋略，佯示虚弱以诱敌，调动敌人脱离坚城进行野外会战，然后充分发挥北魏军队骑兵精锐、机动灵活、擅长野战的优势，在野战过程中机动歼敌，一战而胜。在战斗进行时，敢于留置步兵与辎重，轻骑急进，以提高军队的机动性、快速性，同时，拓跋焘作为北魏军的最高军事将领，在最后决战中，自己冲锋在前，鼓舞士气，为广大将士做出了极具说服力和巨大感染力的榜样。从这个意义上说，北魏太武帝拓跋焘在统一北方战争中所运用的战略指导，所实施的作战指挥，的确有值得关注与肯定的鲜明特色，不愧为这一时期军事学术发展史上的亮点之一。

8 李唐败窦建德的虎牢之战

唐武德四年（621），李唐军队在虎牢之战中一举击败驰援洛阳王世充的窦建德十万大军，继而又迫降了困守洛阳的王世充，从而剪除了中原地区的两股主要武装势力，为统一全国奠定了重要基础。纵观虎牢之战中唐、窦两军作战的得失优劣，可知《孙子·行军篇》所言"处军相敌"原则在实战中具有重要的意义：窦建德因在"处军相敌"方面的重大失误而导致兵溃被俘；李唐方面则因在"处军相敌"方面棋高一着而大获全胜。

隋末，为了反抗隋王朝的腐朽残暴统治，爆发了轰轰烈烈的农民大起义。到公元 617 年初，农民起义形成了三大起义军中心：李密起义军活动于河南地区，窦建德起义军转战于河北一带，杜伏威起义军崛起于江淮地区。他们歼灭了大量隋军，使隋王朝濒临彻底崩溃的边缘。在农民起义风起云涌的形势下，一些贵族和地方官吏也纷纷起兵反隋，以重建封建统治秩序，李渊父子的太原起兵就是其中之一。

公元 617 年五月，隋太原留守李渊父子在太原（今山西太原市东南）起兵。李渊父子是富有政治远见和军事才能的封建贵族官僚，起兵之后，他们采取高明的战略策略，在军事方面不断地取得进展，实施争取人心的政治、经济措施，赢得了政治上的主动。在不到半年的时间里，攻下隋都长安，占据了关中和河东广大地区，并迅速拓地到秦、晋、蜀等广大地区，成为当时举足轻重的一支力量。618 年，李渊在长安称帝，建国号唐。尔后经过一段时间的征伐，又先后击败了薛举、梁师都、刘武周等割据势力，引兵东向，伺机统一全国。

当时，李密领导的瓦岗起义军已经解体，李唐的主要对手是河北窦建德起义军和洛阳王世充集团。另外还有杜伏威起义军控制着江淮地区，隋残余势力萧铣集团控制着长江中游及粤、桂等地。李渊集团对此采取了远交近攻、先王后窦、各个击破的战略；在派遣使者稳住窦建德的同时，由李世民率军出潼关进攻东都洛阳，消灭王世充集团。李世民大军在洛阳城下与王世充军进行了历时半年的激烈交战，给王世充军以重创，拔除了洛阳城外王世充军的据点，形成了对洛阳城的包围。王世充困守孤城，处境险恶，连连向窦建德告急求援。窦建德意识到王世充若被消灭，自己就会成为唐军的下一个进攻目标，"唇亡齿寒"，不能坐视不救。于是他在兼并了山东的孟海公起义军之后，于公元 621 年三月，亲率十万大军西援洛阳。窦军连下管州（今河南郑州）、荥阳、阳翟（今河南禹县）等地，很快进抵虎牢（今河南荥阳西北汜水镇）以东的东原一带（即东广武，今河南荥阳东北广武山）。

虎牢为洛阳东面的战略要地。二月三十日夜，李唐王君廓军在内应的协助下，袭占该地。李世民在洛阳坚城未下，窦军骤至的形势面前，于青城宫召集前线指挥会议，研究破敌之策。唐宋州（治所在今河南商丘南）刺史郭孝恪、记室薛收等人认为，王世充据有洛阳坚城，兵卒善战，其困难在于粮草匮乏；窦建德远来增援，兵众既多且锐。如果让王、窦联兵，窦以河北粮食供王，就会对唐军造成不利，使李唐的统一大业受挫。因此，主张在分兵围困洛阳的同时，由李世民率主力据虎牢，阻止窦军西进，先消灭窦建德军，届时洛阳城就能不攻自下。李世民采纳了这一建议，立即将唐军一分为二，令李元吉、屈突通诸将继续围攻洛阳，自己率精兵 3500 人，于三月二十五日先期出发，进驻虎牢。

李世民到虎牢的次日，即率精骑 500 东出 20 里侦察窦建德军的情况。他遣李世勣、秦叔宝、程知节等率兵埋伏道旁，自己与尉迟敬德等仅领数骑向窦建德军营前进。距窦军军营三里，李世民有意暴露自己，引诱窦建德出动五六千骑兵追击。待窦军骑兵进入埋伏地点之后，李世勣等奋起攻击，击败窦军追兵，歼灭 300 余人。此次小战挫抑了窦军的锋芒，了解了窦军的虚实。

窦军被阻于虎牢东月余，不得西进，几次小战又都失利，士气开始低落。四月三十日，窦军粮道被唐军抄袭，大将军张青特被俘，使得窦军处境更为不利。此时，部下凌敬向窦建德建议：率主力渡河，攻取怀州、河阳。再翻越太行山，入上党，攻占汾阳、太原。指出这样做有三利：入无人之境，取胜可以万全；拓地收众，增强实力；震骇关中，以解洛阳之围。窦建德认为有道理，准备采纳，但苦于王世充频频遣使告急，一些部将又受王世充使者的贿赂，主张直接救洛，终于搁置了凌敬的合理建议。

不久，李世民得到情报，说窦军企图乘唐军饲料用尽，到河北岸牧马的机会，袭击虎牢。李世民将计就计，遂率兵一部过河，南临广武，观察窦军情况后，故意留马千余匹在河渚，引诱窦建德军出战。次日，窦军果然中计，全军出动，在汜水东岸布阵，北依大河，南连鹊山，正面宽达 20 余里，摆出进攻虎牢的架势。李世民正确地分析了情况，说：窦军没有经历过大战，今度险而进，逼城而阵，有轻视唐军之意。我军可按兵不动，待窦军疲惫后，再行出击，以克敌制胜。于是一面严阵以待，使窦军无隙可乘，一面派人召回留在河北的诱兵，准备出击。

窦建德轻视唐军，仅遣 300 骑过汜水向唐军挑战，李世民派部将王君廓率长矛兵 200 出战。两军往来冲击交锋数次，未分胜负，各自退回本阵。战斗呈现胶着状态。

窦建德军沿汜水列阵，自辰时至午时，士卒饥饿疲乏，都坐在地上，士卒间又争着喝水，秩序混乱，表现出要返回军营的意向。李世民细心观察到这些迹象后，即派遣宇文士及率领 300 骑兵经窦军阵西而南，先行试阵，并指示说：如窦军严整不动，即回军返阵。如其阵势有动，则可引兵继续东进。宇文士及至窦军阵前，窦军阵势即开始动摇。李世民见状，下令出战，并亲率骑兵先出，主力继进。过汜水后，直扑窦建德军的大营。当时窦建德正欲召群臣议事，唐军骤然而至，群臣都纷纷向窦建德处走避，致使奉调抵抗唐兵的战骑通道被阻。窦建德急令群臣退去为骑兵让路，但为时已晚，唐军已经冲入。窦建德被迫向东撤退，为唐将窦抗所部紧追不舍。接着李世民所率骑兵也突入窦军大营，双方展开激战。李世民又命程知节、秦叔宝、宇文歆等部迂回窦军后路。窦军见大势已去，遂惊慌溃逃。唐军乘胜追击 30 余里，俘获 5 万余人。

窦建德负伤坠马被俘，其余军卒大部溃散，仅窦建德之妻率数百骑逃回河北。至此，窦军被全部歼灭。

唐军虎牢之战得胜后，主力回师洛阳。王世充见窦军被歼，内外交困，走投无路，遂于绝望之中献城投降。

虎牢之战，唐军消灭窦建德援军 10 万人，接着又迫降了洛阳王世充的守军，夺取了中原的主要地区，取得"一举两克"的重大胜利，创造了我国古代围城打援的著名战例。这也是李唐集团统一全国的关键一战。

李世民的取胜，除了唐军自身具备强大的实力外，主要在于其作战指导上的得宜。在"处军"方面，李世民果断地先期占据战略要地虎牢，造就了有利于己、不利于敌的态势。在"相敌"方面，李世民做得尤其出色。他自始至终注重观察敌情，并善于对观察中所获得敌情进行分析判断，在此基础上制定正确的作战方针，灵活机动地打击敌人。这既表现为决战前进行小战以探知窦军虚实，也表现为决战中捕捉窦军疲乏诸迹象，通过试战了解窦军实情后，坚决实施进攻，最终击败 10 万之众的窦军。

窦建德的失败，除了军队自身未经历大战、将骄兵惰之外，很重要的原因，也在于其"处军相敌"方面的重大失误。他未能尽全力先攻下虎牢，这在"处军"上已输了一着，而"相敌"上的失策则更使他一步步走向败亡。他未能判断李世民数骑冒进的意图，率然出战，结果中伏损兵，导致兵锋受挫。他不知唐军放牧马牛乃是利诱之计，随便驱动全军出战，决战没有打响，实际上已置己方军队于被动了。在决战中，窦建德又未能注意掩盖己方的真实军情，而将所有弱点全部暴露在唐军眼前，以致为敌所乘，陷于被动。更可悲的是，窦建德无端轻视唐军实力，轻举妄动，终于落得兵败身亡的下场。《孙子·行军篇》中说："夫惟无虑而易敌者，必擒于人。"真是一语道中窦建德失败的症结，让后人不胜感慨！

四 分别奇正，指画攻守

——出神入化、脍炙人口的战法典范

 避实击虚：齐鲁长勺之战

　　高明的战争指导者善于"避实击虚"，他们的高明之处不仅在于发现敌之"虚实"，而且能够变敌之"虚实"，从而达到以实击虚的效果。《管子·制分》对战争中的这种虚实的辩证关系以及制胜的奥妙作过以下精辟的揭示："攻坚则瑕者坚，乘瑕则坚者瑕。"因此，面对强大之敌，对于兵力集中的敌人，如果一味硬碰硬，势必使敌人处于以逸待劳的主动地位，不仅未必有取胜的把握，而且即使取胜也必然要付出重大代价。相反，如果攻其要害，使其不得不救，不得不分兵，容易分散敌人的力量，削弱其反应能力，使其顾此失彼，失去正常的判断，从而使自己实现"出其不意"的目的。同时，通过避实击虚，可以吸引、牵制、疲惫和削弱敌人，使敌人由严阵以待而处于分散运动的状态，由逸变弱，由逸变劳，而己方则可以在一定的时间、在决定性的地点和方向形成相对于敌人的优势，从而以逸待劳，扬长避短，掌握战争的主动权，使战局朝着有利于我、不利于敌的方向发展，实现"攻其不备"，克敌制胜的目的。

孙子所谓"避实击虚"，就是作战指导要避开敌人坚实而强大之点，打击敌人虚弱而要害之处，即孙子说的"出其所不趋，趋其所不意"，"攻其所不守"，"攻其所必救"，从而使"兵之所加，如以碬投卵"（《孙子·势篇》），确保一着制敌。避实击虚是孙子的重要作战指导思想，其内容既包括空间上的避敌强点，即"实而备之，强而避之"（《孙子·计篇》），也包括在时间上的待敌气衰，即"避其锐气，击其惰归"（《孙子·军争篇》）。这一思想的根本特点是斗智不斗力，避免与敌人以硬碰硬，死缠硬打，拼实力，拼消耗；而是强调运用高超的谋略能动地制造和正确地选择对手的弱点（同时也是要点），以"四两拨千斤"的点穴手法制敌于死地。这正是以孙子为代表的东方兵学的魅力所在，与克劳塞维茨《战争论》等西方军事理论所主张的通过大规模"会战"取得战争胜利的思想大相径庭。任何敌人有其实则必有其虚，有其强则必有弱，有其长则必有其短；而且在一定条件下，虚实、强弱、长短、逸劳、饱饥、治乱、勇怯等因素，都是可以变化转换的。因此，只要我们能充分了解敌之强弱，并掌握了"敌佚能劳之，饱能饥之，安能动之"等变化转换的规律和策略，通过避实击虚以克敌制胜是完全可以做到的，而且是取胜把握最大而损失最小的。

宋代兵书《虎钤经》继承了孙子击虚的思想，并将其具体化："袭虚之术有二焉：一曰因，二曰诱。"
所谓"因"，就是在敌人主攻方向上，我也假意摆出以
主力迎击的态势，而另外派遣精锐部队秘密地出现于
敌人防御薄弱的地方，或者攻击敌人的堡垒，或者切
断敌人后路，或者烧毁敌人物资储备。所谓诱，就是
我想夺占的敌人重要地域暂且放过不攻，却佯攻其相
邻的地方。大量地显示进攻兵器，广泛地展开进攻部
队，以引诱敌人；敌来迎战，不要跟他打，而把部队
收缩到壁垒中进行防守，另外秘密派遣精锐部队袭击
敌所出兵的城邑并一举占领该城。这两条原则，就是
乘虚袭敌的办法。

　　孙子所谓"避实击虚"之"虚"，不是单纯的虚
弱，如果只是单纯的虚弱，而与战略全局不发生关系，
那么即使攻击成功，也不能对敌人真正有所伤害，对
战略全局产生不了实际的影响，只有打击敌人虚弱但
又是要害的地方，方可打蛇七寸，真正置敌人于死地。
就像乌巢之粮草，袁绍军队的守御并不严密，使曹军
有机可乘，这是袁绍方面军情上的虚弱之点。军无粮，
兵自乱，袁绍一旦失去这个后勤保障，那么全军便会
彻底陷于被动，只有失败的前景在等着他，所以乌巢
之粮草的有无对袁绍来说又具有致命的意义。既是弱
点所在又是要害所在，曹操出其不意一把大火烧了乌
巢粮草，就完全掌控了战局，为最终赢得官渡之战奠
定了坚实的基础，这才是避实击虚原则的高明理解和
巧妙运用。

　　"避实击虚"的原则，还表现为对攻击时机的把

握。基本的指导思想是，避免同正处于士气高涨、斗志旺盛阶段的敌人作正面交锋，通过各种手段瓦解敌人的士气，消磨敌人的斗志，尔后再予以突然而凌厉的打击，夺取战争的胜利。《孙子·军争篇》所提到的"治气"主张，就集中反映了孙子"避实击虚"原则在战机捕捉把握上的运用，"善用兵者，避其锐气，击其惰归"。另外像《孙子·九地篇》所说的"敌人开阖，必亟入之"，也是类似的意思。

公元前 684 年爆发的齐鲁长勺之战，鲁军之所以取得作战的胜利，关键就在于它在进攻时机的把握上高明地贯彻了"避实击虚"的基本原则，避开敌军"一鼓作气"的"实"，打击敌军"三而竭"的"虚"。当时，鲁军根据齐强鲁弱的客观形势，在长勺（今山东曲阜北，一说山东莱芜东北）迎击来犯的齐军。两军都摆开了决战的态势，待布阵完毕后，鲁庄公准备传令擂鼓出击齐军，希望能够先发制人。曹刿见状赶忙加以劝止，建议庄公坚守阵地，以逸待劳，伺机破敌，鲁庄公接受了曹刿的这一建议，暂时按兵不动。齐军方面求胜心切，凭恃强大的兵力优势，主动向鲁军发起猛烈的进攻。但它接连三次的出击都在鲁军的严密防御之下遭到了挫败，未能达到先发制人的作战目的，反而造成自己战力衰落，斗志下降。曹刿见时机已到，建议庄公果断进行反击。庄公听从他的意见，传令鲁军全线出击。鲁军于是凭借高昂的士气，一鼓作气，迅猛英勇地冲向敌人，一举冲垮齐军的车阵，大败齐军。

庄公见到齐军败退，急欲下令发起追击，又被曹刿所劝阻。曹刿下车仔细察看，发现齐军的车辙的痕迹紊乱；又登车远望，望到齐军的旗帜东倒西歪，判明了齐军确是败溃，这才建议鲁庄公实施追击。庄公于是下令追击齐军，进一步重创齐军，将其赶出了鲁国国境，鲁军至此取得了长勺之战的最终胜利。

战争结束后，鲁庄公向曹刿询问是役取胜的原委。曹刿回答说："用兵打仗所凭恃的是勇气。第一次击鼓冲锋时，士气最为旺盛；第二次击鼓冲锋，士气就衰退了；等到第三次击鼓冲锋，士气便完全消失了。齐军三通鼓罢，士气已完全丧尽，而相反我军士气却正十分旺盛，这时实施反击，自然就能够一举打败齐军。"接着曹刿又说明未立即发起追击的原因：齐国毕竟是实力强大的国家，不可等闲视之，而要谨防其佯败设伏，以避免己方不应有的失利。后来看到他们的车辙紊乱，望见他们的旌旗歪斜，这才大胆地建议实施战场追击。一番话说得鲁庄公心悦诚服，点头称是。

从曹刿战场指挥和战后分析中，我们可以看到鲁军取得长勺之战的胜利乃有其必然性。在作战中，鲁庄公能虚心听取曹刿的正确作战指挥意见，遵循后发制人、敌疲我打、持重相敌的积极防御、适时反击的方针，正确地选择战场，正确地把握反攻和追击的时机，从而牢牢地掌握了战争的主动权，赢得战役的重大胜利。可见，长勺之战的规模虽然不大，但它却正确地反映了弱军对强军作战的基本规律和原则，因此一直为历代兵家所称道。

121

主客变易：吴越笠泽之战

主和客是中国古代兵学的重要范畴之一。一般地说，以逸待劳，本土防御，处于主动有利地位的一方为主；而劳师袭远，越境进攻，处于被动不利地位的一方为客。但高明的战争指导者总是善于创造条件，变易主客，在进攻作战中反客为主，夺取主动，最后取得胜利。一般地讲，受种种主客观条件的制约，在临战之前，双方的力量对比尽管有强弱之别，但却并非一成不变，所谓"三十年河东，三十年河西"，就是这层道理。所以，作为战争指导者，要善于根据战场情势，发挥主观能动性。采取正确高明、行之有效的措施和方法，使自己方面的军事实力得到充分的施展，已有优势则进一步加强之，若处劣势则想方设法改变摆脱之，处处高敌一筹，始终稳操胜券。

在这个过程中，如何采取适宜的作战样式，乃是关键之所在。众所周知，进攻与防御，是作战的两种最基本样式，两者各有自己的功能，各有自己的特点。通常而言，"不可胜者，守也；可胜者，攻也"。脑瓜子好使的指挥员，应该按照"守则不足，攻则有余"的作战规律，从自己现有的军事实力条件出发，灵活主动地实施进攻或进行防御。如果是实施防御，要善于隐蔽自己的兵力部署，"藏于九地之下"，让敌人无计可施、到处扑空；而一旦展开进攻，则要做到"动于九天之上"，让敌人猝不及防，土崩瓦解。总而言之，当自己力量不足，或者时间与地点都不利，不具备战胜敌人的可能的情况下，就要实施防御；反之，当自己的力量占有明显的优势，时间和地点均于己有利，具备了战胜敌人的条件，这时便应该展开进攻。而切不可一相情愿地从主观意愿出发，想要进攻就进攻，不想进攻就防御，随心所欲，率性而为，以至陷入进退维谷、攻守失据的尴尬局面。只有在攻守问题上真正做到因敌变化，随机处置，才算是完全掌握了灵活机动的指挥艺术之精髓。这时候无论是实施进攻，还是进行防御，都可以得心应手，从容自如，无往而不胜，"故能自保而全胜"。这是高明运用军事实力的窍门奥妙，是进入自由用兵理想境界的"曲径通幽"，"战胜不忒"，"所措必胜"。

值得注意的是，两千多年之后，西方近代军事学鼻祖、普鲁士人克劳塞维茨在其不朽的军事名著《战争论》一书中，也曾对攻守问题进行过深入的探讨，并且得出了和孙子几乎一样的结论。他说："假定使用的是同一支军队，进行防御就比进攻容易。"防御这种作战形式，就其本身来说，比进攻的作战形式要显得优越。这是因为防御者可以得到的"待敌之利和地形之利"，"不仅仅是指进攻者在前进时所遇到的种种障碍（如陡峭的山谷、高山峻岭、两岸泥泞的河流、成片的灌木林，等等），而且是指那些能使我们隐蔽的配合军队行动的地形"。因此，在"力量弱小"之时就不得不采用防御的作战样式，"一旦力量强大到足以达到积极的目的时，就应该立即放弃它……所以以防御开始而以进攻结束，是战争的自然进程"。克劳塞维茨说得自然不错，他在西方军事学界的确不是浪得虚名，可惜他的这番见解要比孙子的攻守思想晚出了两千多年。

《唐太宗李卫公问对》"卷中"所征引的春秋晚期吴越笠泽之战，就是"变客为主"、巧妙驾驭"攻守"问题方面典型的成功例证。

春秋晚期，以晋、楚两大国为主角的中原争霸战争渐渐地沉寂了下来，战争的中心开始向南方地区转移。位于这一地区的吴、楚、越三国，为了扩张疆域，争夺霸权，展开了长期的角逐。

公元前 506 年的吴、楚柏举之战，给了楚国以沉重的打击。从此，楚国不得不立足于自保，在南方争战中甘居配角。就在这样的背景下，吴、越之间的战争遂成为春秋战争舞台上的压轴戏，而笠泽之战又是这出压轴戏中的高潮。

吴、越战争经过檇李之战、夫椒之战、越军袭击吴都之战等诸多战役后，形势发生了重大变化。越国在几经挫折之后，在越王勾践的领导下，卧薪尝胆，励精图治，"十年生聚，十年教训"，实力有了很大增长；尤其在袭破吴都、俘杀吴太子一役后，更开始占据了一定的战略主动。与越国欣欣向荣的局面相反，吴国在庸主夫差的统治下穷兵黩武，导致内外交困，加上"北威齐、晋"战略选择错误，放过在夫椒之战后乘机灭越的机会，放虎归山，养痈成患，终于一步步陷入战略上的被动，出现了国都一度失陷、太子被杀、被迫向越军求和的悲惨局面。吴越战争的胜利天平，从此倒向了越国的一边。越军步步进逼，屡战屡胜；而夫差则大势尽去，一蹶不振。吴越战争进入了新的也是最后的阶段。

夫差向越国求和后，鉴于连年战争，有生力量受到严重削弱，社会生产也遭到破坏，国内空虚，灾荒频仍的现实情况，感到短时间内已无力对越进行反击，就一相情愿地"息民散兵"，解散大批部队，让民众休养生息，企图逐步恢复力量，待机再举。其实，这样做恰恰加速了吴国的灭亡。越国大夫文种、范蠡等人看到吴国疲惫削弱，内外交困，防务松弛，认为这正是有隙可乘的最好时机，便建议越王勾践加紧战备，准备同吴国进行最后决战。勾践采纳了这些建议，在国内明赏罚，备战具，严军纪，练士卒，进行了大量的临战准备工作。

周敬王四十二年（前478），吴国发生大旱，颗粒无收，仓廪空虚，奄奄一息的饥民被迫到东海边上寻找食物糊口度日。勾践于是召集大臣商讨征伐吴国的大事。大夫文种指出：伐吴的天时与人事条件已经具备，如果立刻发兵伐吴，可以一举夺得优势。另一位主要谋臣范蠡也认为伐吴时机业已成熟，建议勾践立刻动员民众，集结部队，征伐吴国。勾践接受了他们的建议，决定动员越国全部力量大举进攻吴国。出发时，越国全境上下出现了父子兄弟互相勉励、同仇敌忾的感人场面。

同年三月，越王勾践亲自统率斗志昂扬、士气饱满的越军主力北上，兵锋直指吴国腹心，终于爆发了决定吴、越两国命运的关键一战——笠泽之战。

越军进展顺利，很快进抵笠泽（水名，在今江苏苏州市南，从太湖北至海，南与吴淞江平行）。吴王夫差得知越军逼近，在姑苏台上再也坐不住了，被迫统率都城姑苏所有的部队出城迎战。吴军在江北，越军在江南，两军夹笠泽水对峙。

越军是越境作战，在战争中处于"客"的地位，对它来说，需要变客为主，以争取主动。为此，越军统帅部根据渡河作战的具体条件，决定采取"示形诱敌，中路突破"的战术打击吴军，在主力的两翼派出部分部队，为"左、右勾卒"。黄昏时分，勾践命令"左勾卒"溯笠泽水上行 5 里隐蔽待命，又令"右勾卒"顺笠泽水下行 5 里隐蔽待命。夜半时分，勾践下令预先秘密潜伏的"左、右勾卒"同时鸣鼓呐喊，对吴军进行佯攻。夫差误以为越军分两路渡江进攻，会对自己构成夹攻之势，一时间慌了手脚，在战术上采取了极其错误的措施。他将吴军"二一添作五"，分别去抵御越军上下相距 10 里的两路进攻，结果中了勾践的诱敌分兵之计。至此，吴军变主为客，而越军则是变客为主，战场态势发生了根本性的转变。

勾践见夫差中计，及时下令越中军主力人人衔枚，偃旗息鼓，从中路正面潜行渡江，出其不意地从吴军两路中间薄弱部位展开进攻，直插吴军中军大本营。事起仓猝，吴军顿时大乱。吴左、右两军见中军情势危急，急欲向中军靠拢，但却被越军"左、右勾卒"

牵制，无法会合，陷于分散孤立作战的困难处境，结果被越军各个击破。一场血战之后，吴军全线崩溃，伤亡惨重。

取得决战胜利的越军对溃退中的吴军实施追击，又先后在没溪（今江苏苏州市南郊）和姑苏城郊两度追及吴军，予以歼灭性打击。吴军"三战三北"，尸横遍野，一败涂地。夫差仅率少量残兵逃入姑苏城中，龟缩不出。越军取得了笠泽之战的重大胜利。

笠泽之战是吴越兼并战争中具有关键意义的战略决战。它使吴国遭受了前所未有的惨重失败，主力几乎全军覆灭，从此一蹶不振，再也无力抗衡越国的进攻。越国方面则因这次战役的全胜而确立了对吴国的绝对战略优势，为灭吴称霸奠定了坚实的基础。

笠泽之战是一次突袭性的进攻。越军在战略上再一次体现了乘虚捣隙、一举而胜的特点。笠泽之战又是我国历史上较早的一次河川机动进攻作战。越军选择的渡河时间是夜间，这有利于部队的隐蔽集中，欺敌误敌；其运用的渡河进攻方法是两翼佯渡，调动敌人，"致人而不致于人"，然后中央突破，收到必攻不守、反客为主的奇效。

笠泽之战后三年，即周元王二年（前475），越王勾践再一次大举伐吴，一路连胜，杀得吴军"大败军散，死者不可胜计"，很快便进抵姑苏城下，然后将姑苏城团团包围起来，断绝其粮道以此困毙吴军。到了周元王四年（前473），吴都姑苏在被围困

四 分别奇正，指画攻守

127

近三年后，已势穷力蹙，难以为继，"吴师自溃"。勾践遂于同年十一月指挥越军对姑苏城发起总攻，占领了吴都。夫差在城破前夕率少数亲信残兵仓皇逃到城郊姑苏台上，但马上又被追踪而来的越军所包围。夫差无可奈何，派人向勾践求和。勾践回答：过去上天曾将越国赐送给吴国，可吴国不接受；如今老天爷转而将吴国赐送给越国，我怎么敢违背上天的意志呢！拒绝了夫差的请和要求，但答应保留夫差的性命，准备将其安置在甬东（今浙江定海东），以度余年。夫差不愿屈辱偷生，遂自缢身亡。至此，曾经强盛一时的吴，终于被它原来的手下败将越国所吞灭了。

"破釜沉舟"，气壮山河：
巨鹿之战

巨鹿之战发生于秦二世三年（前207）十二月，它是秦末农民大起义中起义军同秦军主力章邯部在巨鹿地区（今河北省平乡县西南）的一场战略决战。在作战中，农民军以无比英勇顽强的气概，正确适宜的作战指导，一举歼灭秦军主力，扭转了整个农民战争的战局，对于灭亡秦王朝反动腐朽的统治，具有决定性的意义。

秦始皇统一六国，对于中国历史的发展，是有积极推动意义的。但是秦王朝建立后，对人民实施残酷的剥削和压迫，赋役繁重，刑政暴虐，使得"劳罢者不得休息，饥寒者不得衣食，亡罪而死刑者无所告诉"①，全国出现"褚衣塞路，囹圄满市"的恐怖局面，这就导致了社会矛盾的全面激化。终于在秦二世元年（前209），爆发了陈胜、吴广农民大起义。九月，项梁、项羽和刘邦相继在吴中（今江苏苏州）、沛县（今属江苏）聚众起义。被秦所灭亡的六国旧贵族也乘机起兵，出现了天下反秦的形势。

秦王朝统治者不甘心退出历史舞台，进行垂死挣扎，调动军队，镇压农民起义。其中最为凶悍的一支，便是少府章邯统率的部队。它作为秦军的主力，与农民军凶狠拼杀，首先镇压了陈胜、吴广起义军，旋即击灭齐王田儋、魏王咎等武装势力，接着其又调转兵锋，扑向项梁等人率领的楚地起义军主力。经过几次各有胜负的拉锯战后，章邯利用项梁小胜后轻敌麻痹的弱点，发动突然袭击，大败楚军于定陶（今山东定陶西北），杀死项梁，使起义军遭受一次重大的挫折。

章邯在取得定陶之战胜利后，也产生了骄傲轻敌情绪，以为"楚地兵少不足忧"。遂移兵北上，攻打赵国。赵军将寡兵微，非秦军之对手，数战不利，赵王歇遂被迫放弃都城邯郸，退守巨鹿。章邯率军乘胜逼进，他命令王离率20万人将巨鹿团团围困，自己亲自带领20万人屯驻于巨鹿南数里的棘原，并在那里构筑甬道（两侧有土墙的通道），直达巨鹿城外，以供应王离军的粮秣。企图长期围困巨鹿，困死赵军，并伺机

---

① 《汉书·贾山传》。

拔城，彻底平定赵地。这时赵将陈余虽从恒山郡（今河北石家庄一带）征得数万援兵，进驻巨鹿北边，但因慑于秦军人多势众，不敢直接驰援巨鹿，对秦军采取避而不战的做法。赵巨鹿守军兵少粮缺，形势十分危急，于是只好遣使向各路反秦武装紧急求援。

楚怀王接到赵王歇、张耳等人的求援文书后，即召集手下将领进行商议。大家认为，尽管楚军自定陶战败后元气大伤，但若不及时救赵，章邯灭赵得手后就会移师南下攻楚，从而使得反秦武装有被各个击破的危险。同时，秦军主力胶着于河北地区，这造成了关中空虚，给反秦武装提供了乘隙进关灭秦的机遇。鉴于这一分析，楚军统帅部遂果断作出战略决策：任命宋义为上将，项羽为次将，范增为末将，统率楚军主力 5 万人北上救赵，以伺机歼灭秦军主力。同时，派遣刘邦率军乘虚经函谷关进入关中，伺机攻打咸阳。这一战略部署的着眼点在于两支军队互相配合、双管齐下，使秦军陷于两线作战、顾此失彼的被动局面，以收一举灭秦之效。

秦二世三年十月，宋义率军北上救赵。他对和秦军进行决战存有胆怯畏惧心理，抵达安阳（今山东曹县东）后，即停止前进，一连驻扎了 46 天。项羽规劝他迅速进兵，同赵军里应外合，一举击败秦军。然而宋义则想保存实力，乘秦赵相斗，坐收渔利，故拒绝了项羽的正确建议。他挖苦项羽说："披坚执锐，义不如公；坐而运策，公不如义。"并威胁项羽不要抗命不听从指挥。与此同时，宋义还日日置酒高会，寻欢作乐，并亲自赴无盐（今山东省东平县东南）大摆宴席，送其子出使齐国为相，以扩展个人势力。当时适逢天气寒冷多雨，士卒冻馁，苦不堪言，宋义的做法引起了将士们的不满。性格刚烈的项羽更是觉得忍无可忍，在再次据理力争未被采纳后，他遂激于义愤，趁早晨入帐进见之机，当场诛杀了宋义。诸将拥护项羽所为，拥戴他为假（代理）上将军。楚怀王见事态已经如此，便正式任命项羽为上将军，由他率军北上救赵。

这时，秦军仗恃兵多粮足，围攻巨鹿甚急。城中的赵军，矢尽粮绝，危在旦夕。尽管燕、齐、魏等援军已抵达巨鹿附近，并与陈余军会师，但因畏惧秦军，互相观望，谁也不敢同秦军交锋。

唯独有已取得指挥权的项羽敢下决心挥师渡河与秦军决战。他率军于十二月进抵漳水南岸后，即委派英布、蒲将军率2万人为前锋，渡过漳水（一说黄河），切断秦军运粮的甬道，分割王离与章邯军之间的联系，使王离军陷入缺粮的困境。接着，项羽本人亲自率领楚军主力渡河跟进，并下令全军破釜沉舟，规定每位将士只带三日干粮，以显示全军上下一往无前、义无反顾、与秦军决一死战的决心。

破釜沉舟之后，项羽立即率领楚军进至巨鹿城下，将王离军团团包围，以雷霆万钧的气势，迅雷不及掩耳的行动，向敌人猛扑过去。楚军将士们奋勇死战，"无不一以当十"，"呼声动天"，将王离麾下的秦军杀得溃不成军。章邯率部援救，也被楚军击退。项羽指挥楚军连续作战，不给秦军以任何喘息的机会，九战九捷，终于大败秦军。那些交战伊始恐惧秦军如虎而作壁上观的诸侯援军，这时见楚军胜局已定，也乘势冲出壁垒，参与对王离军的围攻。这场惊天动地大鏖战的结果是：秦将王离被俘虏，秦军副将苏角身首异处，另一名副将涉间走投无路，被迫自焚而死。楚军取得辉煌的胜利，巨鹿之围遂解。

项羽在巨鹿之战中所表现的杰出指挥才能和一往无前的英勇气概，使各路诸侯无不为之震慑和敬重。这时他们便一致拥戴项羽为诸侯上将军，统一指挥所有集结在赵地的军队。

项羽受命后，即率军对败退中的章邯余部实施战略追击。章邯困兽犹斗，据守棘原与项羽对峙，并派别将司马欣向秦廷告急求援。然而这时秦廷内部早已分崩离析，赵高专权，不但没有抽调兵力援助章邯，反而追究其战败的罪责。这使得章邯进退失据，计无所出。无奈之下，他秘密遣使向项羽求和，但未获应允，只好准备退兵。项羽则乘章邯狐疑不定之际，及时派遣蒲将军率部日夜兼程渡三户津（古漳水渡口，在今河北磁县西南），切断秦军的退路，尔后项羽亲率主力与秦军激战于汙水（漳水支流），再次大破秦军。至此，章邯完全成为瓮中之鳖，不得已遂率20万秦军在洹水南岸的殷墟（今河南安阳西）向项羽无条件投降。巨鹿之战的尾声这时也就最终沉寂了下来。

巨鹿之战是秦末农民大起义走向最后胜利的关键性一战。它一举全歼了秦军的主力，为刘邦乘虚入关、彻底埋葬秦王朝的统治创造了极为有利的条件，从根本上决定了整个秦末农民大起义的历史命运，影响深远。

项羽统率的楚地起义军在巨鹿之战中表现出卓越的战略战役指导优势。这首先是坚决排除了宋义的错误战略方针的干扰，确保北上救赵的战略决策得以实施，从而避免了使反秦武装被秦军所各个击破的危险。第二，抱有破釜沉舟的大无畏胆略和决心，敢于以弱击强，以寡敌众，在精神气势上完全压倒了敌人。第三，善于分割、孤立敌人，使敌章邯部与王离部之间失去联系，无法互相救援，造成楚军在局部上的优势，为全歼王离军创造了十分有利的条件。第四，在聚歼王离军的过程中，发扬连续作战的作风，不予敌以任何喘息的机会，始终牢牢地掌握住战场的主动权。第五，在胜利化解巨鹿之围，歼灭敌王离"兵团"后，能够及时实施远距离战略追击，将残余的秦军主力章邯部逼到走投无路的困境，迫使其无条件投降，扩大了战果，使得秦王朝赖以镇压起义的军事机器全面崩溃。所有这些，都表明巨鹿之战是一次辉煌的战略决战，其中所反映的起义军及其领袖项羽的优秀作战指导艺术，永远值得后人的称颂和借鉴。

 4 奇正相生：韩信"背水阵"破赵之役

有一句老话大家也许耳熟能详："时来天地齐努

力，运去英雄不自由。"人在锋头上，什么好事都跟着来，挡也挡不住，真是"春风得意马蹄疾，一朝看尽长安花"；可要是人一旦背时失势，那么只要是倒霉的事儿全能让你给碰上，连喝口凉水也会硌牙。用兵打仗的道理也是一样，靠的就是一股"气势"、一种"威势"。有了"势"，那是顾盼自雄，不可一世，攻必克，战必胜，守必固，排山倒海，势如破竹，像股票市场上的强势股，一个劲儿地飙升；一旦失了"势"，那手脚就被捆住，攻也不是，守也不是，窝囊落魄，一筹莫展，连那八公山上的草木也来欺负你，"草木皆兵，风声鹤唳"。

韩非子说："势者，胜敌之资也。"这个资本太重要了："尧为匹夫，不能治三人；而桀为天子，足以乱天下。"既然是"时势造英雄"，那么兵学家同样要对"势"情有独钟，挖空心思琢磨"造势"，处心积虑诉求"任势"，把"势"这个好东西牢牢掌控在自己的手中。

人们必须重视军事实力，可是仅有军事实力还不够，关键在于如何把军事实力淋漓尽致地运用起来，发挥出来，也即使静态的"力"转化为动态的"势"。所谓"势"，就是"兵势"，它作为中国古典兵学的一个重要范畴，主要是指军事力量合理的组合、积聚和运用，充分发挥其威力，表现为有利的态势和强大的冲击力。换句话说，"势"是战争指导者根据一定的作战意图，匠心独运，灵活地部署使用兵力和正确地变换战术所造成的有利作战态势。为此，孙子曾用十分形象的比喻来说明"势"的特征："势"就是转动大石头从万丈高山顶上推滚下来，或者是像湍急的流水以飞快的速度奔泻，以至把河床上的石头给冲得飘浮起来。在这样强大"势"的冲击面前，任何敌人都无法抵挡，遇之者毁，触之者折，抗之者灭。"是故智者从之而不释，巧者一决而不犹豫。是以疾雷不及掩耳，迅电不及瞑目，赴之若惊，用之若狂，当之者破，近之者亡，孰能御之！"

一般认为，合理的编组，有效的指挥，灵活的战法，虚实的运用，这四者是"造势"和"任势"的客观基础；而快速突然和近距离接敌，造成险峻可怖的态势，把握恰到好处的战机，采取猛烈而短促的行动节奏，则是"造势"、"任势"的必有之义和最佳表现。即所谓"善战者，其势险，其节短，势如彍弩，节如发机"。

要做到这一步，首要的任务是妥善解决战术变换和兵力使用上的"奇正"问题。"用兵之钤键，制胜之枢机"，这是古人对"奇正"地位与价值最富有诗意，也是最到位的总结。作为概念，"奇正"一词最早见于《道德经》一书，老子说过："以正治国，以奇用兵，以无事取天下。"不过真正把它引入军事领域并作系统阐发的，孙子当之无愧是第一人。中国古代的理论范畴一般都很模糊，追求的是一种只可意会不可言传的混沌境界，"奇正"的情况也一样，含义之蕴藉丰富，表述之隐晦曲折，令人回味深长，曲尽其妙。一般地说，常法为正，变法为奇；在兵力的使用上，用于守备、相持、钳制的为正兵，用于机动、预备、突击的为奇兵；在作战方式上，正面进攻、明攻为正兵，迂回、侧击、暗袭的为奇兵；在作战方法上，循规守矩、按一般原则进行作战的为正兵，采取特殊战法破敌的为奇兵；在战略态势上，堂堂正正下战书然后进兵交锋为正，突然袭击，出其不意，剑走偏锋、诡诈奇谲为奇。

孙子第一次用精辟又生动的文字描绘了"奇正"的要旨：凡是展开军事行动，无论是进攻还是防御，在兵力的使用上，一般要用正兵去当敌，用奇兵去制胜，所谓"凡战者，以正合，以奇胜"。而在战术变换上，则要做到奇正相生，奇正相变，虚虚实实，真真假假，变化无端，出神入化："战势不过奇正，奇正之变，不可胜穷也。奇正相生，如循环之无端，孰能穷之？"在孙子看来，一名将帅如果能根据战场情势的变化来灵活理解和巧妙运用"奇正"战术，做到战术运用上正面交锋与翼侧攻击浑然结合，兵力使用上正兵当敌与奇兵制胜相辅相成，作战指挥上遵循"常法"与新创"变法"互为补充，那么无论怎样强大的敌人都会被击败，就算是真正领会了用兵打仗的奥妙精髓，也为"造势"和"任势"创造了必要的条件。总而言之，一切都应该从实际情况出发，当正则正，当奇则奇，因敌变化，攻守自如，从而进入驾取战争规律的自由王国。

理解和运用"奇正"的重要性固不待言，而要在这方面有所作为、独领风骚，关键在于"造势"和

"任势"，即积极发挥将帅的主观能动性，使自己方面的军事潜能得到最佳的凝聚和施展，十八般武艺都拿将出来，掌握作战的主动权，形成强大无比、摧枯拉朽的战斗力。"善战者，求之于势，不责于人，故能择人而任势"，在此基础上把对手打得落花流水。这方面，韩信"背水阵"破赵一役堪称典范。

楚汉战争初期，项羽的兵力远远胜过刘邦，拥有战略上的优势，因此，在几次重大的战役中，刘邦多次败于项羽。但是由于项羽政治上的失策和军事战略上的错误，未能有力地扼制刘邦势力的继续发展。相反，刘邦方面则注意政治上争取民心，孤立和打击项羽；军事战略上有一套正确的指导思想，所以得以牢牢掌握着楚汉战争的主动权，一步步消耗项羽的实力，蚕食项羽的势力范围，由战略上的劣势地位转化为优势地位，赢得了这场战争的最后胜利。韩信的卓越指挥艺术和取得的重大的战果，对这一转折的完成，是有着重要贡献的。

公元前 205 年，项羽在彭城大败刘邦，歼灭了汉军主力。这使得许多诸侯纷纷背汉归楚，刘邦的处境十分困难。这时，张良向刘邦提出建议，主张争取英布，重用韩信和彭越，从各方面结成反楚的强大势力。刘邦采纳了这一建议，制定了规模宏大的作战部署。具体内容是在正面战场坚守成皋、荥阳地区，阻遏项羽的攻势，并令彭越在梁地开辟敌后战场，配合正面，调动和疲困楚军。在北方战场，命令大将韩信率领一部分兵力，逐次歼灭黄河以北的割据势力，向楚军的侧背发展。在南方战场，策反九江王英布，让其进攻楚军侧背，牵制项羽。韩信的平定赵地，就是这一战略计划的具体实施环节之一。

公元前 205 年，韩信率军击灭魏王豹，平定了魏地。当时，黄河北岸尚有代（今山西北部）、赵（今河北南部）、燕（今河北北部）三个割据势力。它们都投靠项羽，成为楚的羽翼。要灭楚，就必须剪除这些诸侯国。韩信针对这些割据势力只图据地自保、互不相援的弱点，便向刘邦提出进一步开辟北方战场，逐次消灭代、赵、燕，东击田齐，南断楚军粮道，然后同汉王合师于荥阳的作战计划。刘邦非常赞许这个作战计划，给韩信增调步兵三万，并派遣熟悉代、赵等国情况的张耳去辅佐韩信。

公元前 205 年闰九月，韩信率军击破了代国，活捉代国的相国夏说。战斗一结束，刘邦就把韩信的精兵调往荥阳一带去正面抗击项羽的进攻。次年十月，韩信率领数万名刚招募来的部队，翻越巍巍太行，向东挺进，前去进攻赵国。

要前往河北平原，必须通过今河北获鹿县的井陉山。井陉山以四面高平、中间低凹如井而得名。山势从西南向东北层峦叠嶂，差次环列，方圆百里，车不能并行，骑不能成列，根本不利于大部队行动。

井陉口是太行山有名的八大隘口之一，就是现在河北获鹿西十里的土门关，在它以西，有一条长约百里的狭窄驿道，易守难攻，不利于大部队的行动。当时，赵王歇和赵军主帅陈馀集中了号称 20 万的兵力于井陉口，凭险据守，准备与韩信决战。

赵军的谋士李左车认真地分析了敌情和地形。他向陈馀献计：韩信越过黄河，俘虏了魏王豹、夏说，乘胜进攻赵国，士气正旺，"其锋不可挡"，所以我们必须避开汉军的锋芒。但是汉军方面也并非无间隙可乘。这表现为，汉军的军粮必须从千里以外运送，补给困难。井陉口道路狭窄，车马不能并行，它的军粮一定在后面，请您让我带领奇兵三万人马从小道出击，去夺取汉军的辎重，切断韩信的粮道，您自己带领赵军主力深沟高垒，坚决不出战。这样一来，必能使得韩信求战不能，后退无路，不出十天，就可以打垮汉军，把韩信和张耳的首级拿回来。不然的话，我们是一定会被汉军打败的。然而，刚愎自用的陈馀却认为韩信兵少且疲，不应避而不击，拒绝采纳李左车的正确作战方案。

韩信探知李左车的计策没有被采纳，赵军主帅陈馀有轻敌情绪和希图速决的情况后，非常高兴，立即指挥部队开进到距井陉口30里的地方驻扎下来。当天夜里，韩信传令部队向前推进。同时，挑选两千名骑兵，让他们每人手持一面汉军的红色旗帜，从偏僻小路迂回到赵军大营侧翼的抱犊寨山（今河北井陉县北）隐藏起来，等待赵军离营追击汉军之时，乘机抢占赵军营寨，把汉军的红旗树立起来，从侧后断敌归路。接着，韩信又派遣一万多人到绵蔓水（今河北井陉县境内）东岸，背靠河水摆成阵势，以迷惑调动赵军，增长其轻敌情绪。赵军望见汉军背水列阵，无路可以退兵，都窃笑韩信不懂兵法，对汉军更加轻视。

次日清晨，韩信亲自率领汉军，打着大将的旗帜，携带大将的仪仗鼓号，向井陉口开进。赵军见状，果然离营出战。双方大战良久，汉军假装战败，扔掉旗鼓仪仗，向绵蔓水方向后撤，与事先背水列阵的部队迅速会合。赵王歇和陈馀误以为汉军真的打了败仗，于是挥军追击。汉军士兵看到前有赵兵，后有大河，无处可退，只好拼死抵抗。这时，埋伏在赵军营垒翼侧的汉军骑兵乘势抢占了敌军营寨，迅速拔下赵军旗帜，换上汉军红旗。赵军久战不胜，陈馀只得下令收兵。这时，赵军猛然发现自己大营已全部插上汉军旗帜，大惊失色，纷纷逃散。占据赵营的汉军轻骑见赵军溃乱，乘机出击，从侧后切断了赵军的归路；而韩信也指挥部队全线发起反攻。赵军向泜水（今河北获鹿南五里，现在已被湮塞）败退，被汉军追上，结果全部被歼灭，陈馀被杀，赵王歇被俘。

韩信的背水阵堪称中国战争史上巧妙运用"奇正"原理而取胜的典范之一。在作战部署上，他夜半派出两千轻骑，令其各持汉军赤旗一面，潜伏于赵军大营附近的山中，待机攻占赵营，同时沿绵蔓水布列阵势，诱敌相攻，这正是兵分奇正的高明之举，与"奇非正，则无所恃；正非奇，则无以取胜"（《武经总要》前集卷四"制度四·奇兵"）的作战原则相合。在作战程序上，他建大将旗鼓，与赵军会战，后又依托背水阵抗击赵军猛攻，是谓"以正合"；而潜伏之两千轻骑偷袭赵营，一举成功，扰乱赵军军心，导致其溃败，己方则乘机反攻，大获全胜，斩杀陈馀，追擒赵王歇，是谓"以奇胜"，充分体现了"兵不奇则不胜。凡阵者，所以为兵出入之计；而制胜者，常在奇也"（《武经总要》前集卷四"制度四·奇兵"）的兵法要旨。即使就背水阵本身而言，韩信也使得它具有了奇正皆备的双重性质：背水列阵，并非常规之战法，是为"奇"；但是当把赵军诱引到阵前进攻时，汉军"三军一人"，全力抵抗赵军的强攻，则背水阵乃由"奇"转变为"正"了，此真可谓"奇正合宜，应变弗失，百战百胜之道也"（《明太祖宝训》卷五"谕将士"）。

《唐太宗李卫公问对》卷上有言："凡将，正而无奇，则守将也；奇而无正，则斗将也；奇正皆得，国之辅也。"可见，韩信的背水阵破赵之役，成功的关键之一，在于真正做到了"奇正皆得"，这包括兵力使用上的奇正并用与战术运用上的奇正相生，彻底扰乱了赵军的军心和整个作战部署，使其无法分清战场形势，导致自乱阵脚，在汉军的前后夹击之下，一溃而泻千里，陷于灭顶之灾。

井陉之战获胜后，汉军的一些将领向韩信请教胜利的原因，韩信回答说："背水阵在兵法上也是有的，即所谓'陷之死地而后生，置之亡地而后存'。我军大多是刚刚招募来的新兵，没有经过严格正规的训练，这如同赶着集市上的人群去冲锋陷阵一样。因此，必须把他们置于后退无路的'死地'，他们才会拼死战斗，否则就会导致失败。"由此可见，韩信之所以能够背水列阵而破敌，正是他活学兵法、超常用兵的结果。

《唐太宗李卫公问对》继承和发展了孙子"奇正相生"思想，提出"吾之正，使敌视以为奇；吾之奇，使敌视以为正"，"以奇为正，以正为奇，变化莫测"，"善用兵者，无不正，无不奇，使敌莫测，故正亦胜，奇亦胜"的新的阐释。该书认为，把这规定为正，把那规定为奇，只是在教阅时才那样做，到了战场上，就无所不正，无所不奇，一切要依据具体的作战态势和敌情变化而定；如果死守预先规定好的奇正，而不知变化，就会正也不是正，奇也未必奇，因为这本身就违背了奇正原则。《唐太宗李卫公问对》的这一阐释，揭示了孙子"奇正"理论的精义所在。

权宜机变：吴蜀夷陵之战

"示形动敌"，"兵者诡道"，不拘一格，因敌制胜。这是《孙子兵法》制胜之道的主要手段和方式。孙武认为要掌握战场主动权，就必须在作战指挥上坚决贯彻"兵者诡道"的原则。他指出，军事家指挥艺术的奥妙，就在于"能而示之不能，用而示之不用，近而示之远，远而示之近。利而诱之，乱而取之，实而备之，强而避之，怒而挠之，卑而骄之，佚而劳之，亲而离之"（《孙子·计篇》）。唯有如此，方可"攻其无备，出其不意"。这种诡诈战法的核心，则是"示形动敌"："善动敌者，形之，敌必从之；予之，敌必取之；以利动之，以卒待之。"（《孙子·势篇》）强调战场上克敌制胜的最上乘境界乃是"形人而我无形"，"形兵之极，至于无形"（《孙子·虚实篇》）。一旦做到这一点，那么进行防御，即可"藏于九地之下"；实施进攻，即可"动于九天之上"，制敌于死地，"自保而全胜"。与此同时，孙武也充分认识到用兵打仗贵在灵活机动，随机应变。所以他特别强调"因敌制胜"的重要性，指出"兵无常势，水无常形，能因敌变化而取胜者，谓之神"（《孙子·虚实篇》）；"践墨随敌，以决战事"（《孙子·九地篇》）。它们的主旨，均立足于"战胜不复，而应形于无穷"这一点上。可见，不拘一格，"因敌制胜"，既是实践"诡道"战法的前提，也是《孙子兵法》制胜之道之所以高明的体现。

夷陵之战，又称猇亭之战，发生于公元 222 年，是三国时期吴国（孙权）和蜀汉（刘备）为争夺战略要地荆州八郡而进行的一场战争。吴军统帅陆逊在这次战争中，运用"九变"的原则指导战争，灵活机动，不拘一格地与强大的蜀军相周旋，最终以数万人的兵力，一举而战胜数十万蜀军。而蜀军统帅刘备，昧于对"九变"原则的了解，在"忿速"心理的驱使下，一意孤行向吴国开战，又在作战部署上屡犯错误，终于葬送了蜀汉在战略上的全部优势。千载之后，犹让人感慨不已！

赤壁之战以后，辖有长江南北八郡的战略要地荆州为曹操、孙权、刘备三家所瓜分，曹操占据南阳和江夏北部，孙权占据了江夏南部和南郡，刘备夺取了武陵、长沙、零陵、桂阳四郡。公元 210 年，在刘备的请求之下，孙权又同意把位于长江北岸的战略要地借给刘备，这样，实际上刘备控制了整个荆州。不久，刘备又分别从刘璋和曹操的手中夺取了益州和汉中。我国历史上魏、吴、蜀三国鼎立的局面就这样形成了。汉中和荆州是蜀汉的两个战略基地。从汉中可以北出潼关，攻打长安和洛阳；从荆州北上可以经襄阳攻打许昌，东下可以直捣吴国的腹地。可谓进可以攻，退可以守。

处于长江中下游的孙权东吴政权，面对刘备势力的迅速发展，感到惶恐不安。只是由于当时双方合力抗曹还是共同的战略目标，矛盾才暂时没有激化。到了公元 211 年，孙权占据交州（今广东、广西）后，力量进一步扩大。而当时强敌曹操正忙于兼并关中割据势力马超和韩遂，稳定后方，无暇顾及南边的刘、孙。孙权便乘这个机会向刘备索还荆州，刘备则以"须得凉州，当以荆州相与"为借口拒绝归还。两国的矛盾日趋尖锐，曾一度以兵戎相见。最后还是达成了和议，以湘水为界，平分荆州，孙权占有江夏、长沙、桂阳，刘备拥有南郡、武陵、零陵。但是，吴、蜀间的矛盾并未因此消除。

建安二十四年（219），孙权乘蜀汉荆州守将关羽北攻襄阳、樊城，与曹魏军大战不已，后方空虚的时候，派遣大将吕蒙袭占关羽的后方基地江陵。关羽闻讯后率军回救，结果战败被杀，孙权遂夺得了整个荆州。自此之后，孙、刘矛盾全面激化，终于导了夷陵之战。

公元221年，刘备在成都称帝，国号汉，史称蜀汉。一个月后，刘备借口为关羽报仇，决定大举攻吴，夺回荆州。魏文帝曹丕看到敌人同盟内部分化瓦解，非常高兴，并多方寻找机会，加剧吴蜀之间的矛盾冲突，好坐收渔人之利。蜀汉的绝大多数大臣、将领都看到了大举攻吴对蜀无利，只会对魏有利，再三规劝刘备不要出兵攻吴。如赵云叩谏刘备不要对吴发动战争，指出蜀汉当前的主敌人是曹魏，而不是孙权。如果灭掉了曹魏，孙吴则不攻自破，当前应当利用曹丕篡汉的机会，出兵进取曹魏的关中，控制黄河、渭水的上游，完成匡复汉室的大业。诸葛亮等群臣也持同样的观点。可是，刘备丝毫听不进这些意见。

孙权方面在夺取了荆州以后，为了巩固既得利益，也不愿意再扩大吴蜀之间的冲突，曾两次遣使向刘备求和，但都被刘备断然拒绝。东吴南郡太守诸葛瑾（诸葛亮之兄）也给刘备写信，向他陈说害："魏和吴都是你的敌国，首先对付谁，希望认真考虑一下，再作决定。"刘备同样置之不理。

公元221年七月，刘备亲率蜀汉大军数十万人，对吴国发动了大规模的战争。当时，两国的国界已西移到巫山附近，长江三峡为两国之间的主要通道。刘备派将军吴班、冯习率领四万多人为先头部队，夺取峡口，攻入吴境，在巫地（今湖北巴东）打败吴军李异、刘阿部，长驱直入，占领了秭归。为了防范曹魏的进攻，刘备派镇北将军黄权驻扎在长江北岸，又派侍中马良至武陵，利诱当地的部族首领沙摩柯起兵攻吴，配合行动。

孙权在蜀军大举进犯的情况下，奋起应战，任命镇西将军陆逊为大都督，统率朱然、潘璋、韩当、徐盛、孙桓各部共五万人抵御蜀军，同时又遣使向曹丕称臣，以免魏军乘机夹击，避免了两面作战。

蜀军顺江而下，锐不可当。公元 222 年正月，蜀国吴班、陈式的水军占领夷陵，屯兵长江两岸。二月，刘备亲率主力从秭归进抵猇亭，建立了大本营。在战争开始的时候，吴军诸将都要求立刻迎战；陆逊通过对双方兵力、士气以及地形等各方面的条件的分析，指出刘备兵势强大，居高守险，锐气正盛，吴军应避开蜀军的锋芒，再伺机破敌。于是陆逊果断地实施战略退却，一直退到夷道（今湖北宜都）、猇亭（今湖北宜都北古老背）一线。然后在那里停止退却，进行防御，遏制蜀军的继续进兵。这样，吴军完全退出了高山峻岭地带，把兵力难以展开的数百里长的山地留给了蜀军。

这时，蜀军已深入吴境五六百里，由于进至夷陵以西一带被吴遏阻抵御，蜀军的东进势头停顿了下来。在吴军扼守要地、坚不出战的形势下，蜀军便不得不在巫峡、建平（今四川巫山北）至夷陵一线数百里地上设立了几十个营寨。为了调动陆逊出战，刘备用一部分兵力围攻驻守夷道的孙桓。孙桓力屈难支，请求陆逊增援。孙桓是孙权的侄子，所以诸将纷纷要求出兵援救，以解除夷道之围。但陆逊为了不分散和过早地消耗兵力，拒绝了分兵援助夷道的建议，认为只要同蜀军决战胜利，夷道之围自然就会解除。这样，陆逊就避免了同蜀军过早地进行决战。

从正月到六月，两军仍相持不决，刘备为了迅速同吴军决战，派人天天到阵前辱骂挑战。但陆逊置之不理。后来，刘备又派吴班率数千人在平地立营，另在山谷中埋伏了八千人，企图引诱吴军出战。但此计又为陆逊所识破。陆逊坚守不战，破坏了刘备倚恃优势兵力企求速战速决的计划。蜀军将士逐渐相互抱怨，斗志涣散，从而失去了主动。六月的江南，暑气逼人，蜀军不胜其苦，刘备不得已只好把山里的军队开出山林，将水军转移到陆地上，把军营设于深山密林里，依傍溪涧，屯兵休整，准备等到秋后再发动进攻。由于蜀军是处于吴境五六百里的崎岖山道上，后勤保障十分困难，加上刘备百里连营，兵力分散，从而给陆逊实施战略反击留下可乘之机。陆逊看到蜀军士气沮丧，放弃了水陆并进、夹击吴军的战法，认为战略反攻的条件业已成熟。于是，他上书吴王说：交战之初，所顾虑的是蜀军水陆并进、夹江直下。现在蜀军舍舟就陆，处处结营，从其部署来看，不会有什么变化，这样就有了可乘之隙。击破蜀军，当无困难。陆逊在进行大规模反攻前夕，先派遣小部队进行了一次试探性的进攻。这次进攻虽未能成功，但使陆逊从中找到了破敌之法——火攻蜀军连营的作战方法。因为当时江南正是炎夏，气候闷热，而蜀军的营寨都是由木栅所构成，其周围又全是树林、茅草，非常容易起火。

决战伊始，陆逊即命令吴军士卒各持茅草一把，乘夜袭击蜀军营寨，顺风放火。顿时火势凶猛，蜀军大乱，陆逊乘势发起反攻。朱然率军五千突破蜀军前锋，接着插入蜀军后部，与韩当所部进围蜀军于涿乡（今湖北宜昌西），切断了蜀军退路。潘璋所部直攻蜀军冯习部。诸葛瑾、骆统、周胤诸部配合陆逊的主力在猇亭向蜀军发起反攻。吴军很快攻破蜀军营寨四十多座，并且用水军截断了蜀军长江两岸的联系。蜀将张南、冯习及部族首领沙摩柯等战死，杜路、刘宁等投降。蜀军溃不成军，大部死伤和逃散，车、船和军用物资全部丧失。刘备乘夜逃走，行至石门山（今湖北巴东东北），被吴将孙桓追逼，几乎被擒，后靠驿站人员焚烧溃兵所弃的装备堵塞山道，才得以摆脱追兵，连夜逃回到永安（又叫白帝城，今重庆奉节东）。

这时，蜀军镇北将军黄权所部正在江北防御魏军。刘备败退，黄权后路为吴军所截断，不得已于八月率众向曹魏投降。

刘备逃到白帝城后，吴将潘璋、徐盛等人都主张继续追击蜀军，扩大战果。陆逊不同意这种做法，认为曹丕名义上协助吴军攻蜀，实则另有图谋，必须加以警惕。而且蜀镇东将军赵云已率军抵达白帝城，要打败它也无把握。于是停止追击，决定撤兵。九月，曹魏果然攻吴，因陆逊已有准备，魏军终于无功而返。在夷陵之战中，陆逊统帅五万吴军大败占优势的蜀军，在于他能正确分析敌情，敢于先后退一步，摆脱不利的地形，然后再伺机歼灭敌人，这是符合孙子"圮地无舍"、"绝地无留"的作战原则的，是"将通于九变之地利者"的表现。在相持过程中，他做到保存实力，不增援孙桓，为战胜强敌创造条件，这是孙子"涂有所不由，军有所不击"思想在实践中的灵活运用。孙子说："是故智者之虑，必杂于利害"，陆逊在夷陵之战全面胜利的形势下，果断停止追击蜀军，防范曹魏的乘机进攻，说明陆逊在有利的情况下，能够看到不利的一面，反映出他作为一代名将的优秀素质。

反观刘备，尽管他久历沙场，但在这次战争中的表现，却证明其人并不真正懂得如何在用兵中贯彻"九变"的指导思想。他恃强冒进，将军队带入难以展开的五六百里的崎岖山道之中；在吴军的顽强抵御面前，又不知道及时改变作战部署，采取了错误的无重点处处结营的办法，结果陷于被动，导致失败，这乃是"不通于九变之利者，虽知地形，不能得地之利"的表现。总之，刘备争夺荆州的"忿速"心态和具体作战过程中的失策，决定了他自食"覆军杀将"的恶果并非偶然。

 攻其无备，出其不意：

魏灭蜀汉之战

"兵者诡道"，"兵以诈立"，要取胜，就必须用各种手段来迷惑对手，算计敌人，使其一头雾水，两眼抓瞎，计无所出，力无所施，从而确保自己招招占先，左右战局。孙子把这种四两拨千斤的绝招概括为

"示形动敌"。

所谓"示形"，就是伪装和欺骗，即隐蔽真相，制造假象，让敌人乖乖地中计上当。所谓"动敌"，就是实施机动，调动敌人，即牵着敌人的鼻子走，最后陷入失败的命运，任你齐天大圣一个筋斗翻去十万八千里，可就是逃不出我如来佛的手心。这便是"善动敌者，形之，敌必从之；予之，敌必取之。以利动之，以卒待之"。在这里，"示形"是"动敌"的前提和基础；而"动敌"则是"示形"的最佳效果。很显然，成功的机动是"造势"、"任势"的中心环节，它的目的在于创造和利用敌人的过失或弱点，一有机会就咬住敌人的脖子，绝不放松，直到咬断他的喉咙，置于死地为止。

总之，只有掌握了"奇正"的变化，具备了"造势"、"任势"的条件；又合理拿捏住"势"与"节"的分寸，具备了"造势"、"任势"的尺度；再加上做到了"示形动敌"，具备了"造势""任势"的手段，"造势"、"任势"才算是呼之欲出，有利的作战态势才算是基本形成，战场上的主动权才算是大致到手。这时才可以同敌人一决雌雄，分个高下，这就是所谓的"转圆石于千仞之山"，谁拿你也没有办法。从而"攻其无备，出其不意"，成为胜利的主宰者。

三国后期，魏、蜀、吴鼎立并峙的局面因三方力量的消长变化而渐趋瓦解。其中，据有中原的魏国，历经曹氏父子的创业守成和司马氏父子的竭力经营，政局演变基本平稳，经济发展，军事力量十分强大。

相比之下，蜀国在夷陵之战中大伤元气，后主刘禅继位后，懦弱无能，虽有诸葛亮竭力辅佐，也仅能自保，而诸葛亮死后，蜀国后继乏人，刘禅昏庸无道，贪图享乐，宦官黄皓又取宠弄权，结党营私，朝政日坏。

魏元帝曹奂景元二年（261），魏国执政的大将军司马昭分析了当时全国的战略形势，认为蜀国业已"师老民疲，我今伐之，如指掌耳"，决定采取先灭蜀国，然后据上流之便，顺江东下，水陆并进消灭吴国，重新统一全国。决策已定，魏国任命钟会为镇西将军，坐镇关中，秘密从事伐蜀的战争准备，但魏国表面上却大造舆论，说要先灭南方的吴国，以迷惑蜀国。

景元四年（263）夏，魏国征调精兵强将，部署18万大军，分三路突然向蜀国发起进攻。征西将军邓艾率兵3万余，自狄道（今甘肃临洮）向甘松（今甘肃迭部县东南）、沓中，进攻驻守在此的蜀国大将姜维；雍州刺史诸葛绪率3万人马，自祁山（今甘肃礼县祁山堡）向武街（今甘肃成县西北）、阴平之桥头，牵制蜀军主帅姜维并切断其后撤之路；镇西将军钟会率主力10万分别从斜谷（今陕西眉县南）、骆谷、子午谷（在今陕西西安南）进军汉中。汉中在今陕西省南部的秦岭以南、勉县以东、米仓山以北、牧马河以西的汉中盆地之中，它北瞰关中，南屏巴蜀，是蜀汉的门户，所谓"失汉中则三巴不振"，"无汉中是无蜀也"，战略地位十分重要。从关中入汉中之道有三：一为褒斜道，位于陕西西南部眉县与汉中之间，全长470里；二是骆谷道，又称傥骆道，自今陕西周至西南沿骆傥河谷南至洋县，是连接关中和汉中的一条近捷的通道，全长 420 里，崎岖曲折，共有 84 盘；三是子午道，自杜陵（今陕西西安市南）直穿秦岭至汉中，当年刘邦被封为汉王后，前往汉中，为表示自己没有向北图谋的野心，火烧通往关中的栈道，就是此道。

魏军的战略意图是，利用蜀军布防上集中兵力于沓中情况，用诸葛绪的西路军牵制蜀军主力于沓中（今文县以北地区），出其空虚，以主力钟会大军袭取汉中，造成"以刘禅之暗，而边城外破，士女内震，其亡可知也"的局面，这是一个乘虚蹈隙、直取汉中的作战方略。魏军三路并进，在东南，钟会的主力部队三路并进，而刘禅不等援军到达，就下令汉中各外围据点撤军，魏军在没有遇到抵抗的情况下，迅速进入汉中，并夺取阳安关，长驱直入，直逼蜀中门户剑阁，威胁蜀都成都。与此同时，邓艾率西路魏军也发起了进攻，企图包围和围困姜维，切断蜀军主帅姜维的退路，这样，灭蜀之举，指日可待。姜维获悉魏军主力进入汉中的消息，意识到剑阁一定危在旦夕，于是引兵且战且退，企图退守剑阁。但是诸葛绪率领的中路魏军已经从祁山进达阴平之桥头，切断了姜维的退路。姜维为调开桥头魏军，巧施"金蝉脱壳"之计，回军越过桥头，与前来增援剑阁的廖化、张翼、董厥等会合，一起退守剑阁，凭险拒阻魏 10 万大军。剑阁在今四川剑阁县西，有相连的大剑山、小剑山，地形险峻，一夫当关、万夫莫开，历来易守难攻，但又是通往成都平原的必经之地，姜维利用这种有利的山川险阻，"列营守险"，扼住了魏军前进的道路，使钟会的大军屡攻不下，师劳兵疲，粮运不继，锐气大挫，军心动摇，不得不计划退军，这就打破了魏军乘虚直下成都的整个战略计划，魏军声东击西向蜀国发起的战略突袭，此时已无意义。而本已危在旦夕的蜀汉得以一时转危为安。

面对魏军久攻剑阁不下的不利形势，魏国将军邓艾建议："从阴平由邪径（小道）经汉德阳亭（今四川剑阁西北）趣涪（今四川绵阳东），出剑阁西百里，去成都三百余里，奇兵冲其腹心，剑阁之守（蜀军）必还，则（钟）会方轨（两车并行）而进；剑阁之军不还，则应涪之兵寡矣。"认为这样声东击西，"掩其空虚，破之必矣"。这一计策的要点是从阴平绕过剑阁，进攻涪城。阴平，因其位于摩天岭之北而得名，是陇南入蜀的偏僻小道，东经阳安关可通汉中，南出江油、涪县（今四川绵阳东，涪江东岸）可直指成都，自阴平至涪县，需翻越摩天岭，行于岷山的崇山峻岭之中，只有樵猎小道，极为险阻，大军难行，向不为人重视。如果魏军出阴平，姜维必从剑阁回救，如此则剑阁势孤易破，攻魏大军可以顺利从剑阁突入成都平原，如果姜维不回援，则魏军破涪之后，可以切断姜维后路，并可直指成都。

魏国的决策者采纳了邓艾的这一计策，并由邓艾具体实施。从阴平到涪，高山险阻，人迹罕至，十分艰难，不过，这恰恰出乎蜀军的意料之外，蜀国并未在此设防。这年十月，邓艾率大军自阴平出发，并亲率一万精兵在前开路，其余二万人运载军粮兵仗继后。邓军沿白水河谷（景谷）东行，然后攀上摩天岭，"行无人之地七百里，凿山通道，造桥作阁"。因为山高谷险，粮运不继，邓艾的大军常常陷于前无路可走、退无所据的境地，这时，邓艾往往身先士卒，遇到险绝处，"以毡自裹，转而下，将士皆攀木缘崖，鱼贯而进"。在克服了许多难以想象的困难之后，魏军终于通过阴平险道，神兵天降，到达江油。蜀军江油太守马邈见魏军从天而降，大惊失色，不战而降。魏军"因粮于敌"，得到补养补给后，乘胜进攻涪城。

江油失守后，刘禅派诸葛亮之子诸葛瞻率兵阻击邓艾，诸葛瞻率诸军至涪城，迟疑不前，未能抓住战机迎击邓艾，前锋为魏军击败，诸葛瞻被迫退守绵竹，列阵以待。邓艾派使者送信给他劝降，使者被斩，邓艾即派其子邓忠等从左右两面夹击蜀军，魏军稍一退却，邓艾立即抓住战机，鼓舞诸将说："存亡之分，在此一举，何不可之有？"扬言要斩其子邓忠，命其再次出战，结果大破蜀军，阵斩诸葛瞻，攻占绵竹。蜀军主力这时几乎全在剑阁，成都兵少，实际上无防守可言，加之魏军突然出现，后主刘禅及一班大臣慌作一团，不知所措，势穷力蹙，被迫投降，魏军占领成都，从而取得灭蜀战争的胜利。

 7 集中兵力的意义：萨尔浒之战

孙子说："故形人而我无形，则我专而敌分。"专分的精义是集中我的兵力，分散敌人的兵力，以实击虚，各个击灭。

集中优势兵力，打击分散之敌，是中国古典兵学一个突出的思想，其道理是显而易见的，用五个指头分别去打人，不如握成拳头一次打出去有力。《淮南子·兵略训》中所说"十指之分进，不如卷手之一挃"，形象地说明了这一道理。但如果敌人也握成了拳头与我相对，在这种形势下，就不要和敌人去拼拳头，而要设法使他的手张开，即孙子所说的"我专为一，敌分为十"，在局部上形成我以十攻一的态势，这样就可以各个击灭它。

因此，古今中外的军事理论家们无不强调集中兵力这一原则，将"集中兵力"视为克敌制胜的法宝，如法国军事理论家安德烈·博福尔在其名著《战略入门》中就认为，西方军事理论之父克劳塞维茨所总结的三条战略原则中，第一条就是"集中兵力"。英国战略理论家利德尔·哈特也说："战略上最重要而又最简单的准则是集中兵力。"之所以如此，道理很简单。其一，战争是敌对双方力量的较量，以强胜弱是战争的规律，而以少胜多、以弱胜强的战例，则是因为弱者在特定时间和地点在战斗能量占了优势。所以，只有集中自己的兵力兵器，才能发挥强大的作战效能，形成对敌的优势，达到以己之"实"击敌之"虚"。用孙子的话说就是："我专而敌分，我专为一，敌分为十，是以十攻其一也，则我众而敌寡，能以众击寡者，则吾之所与战者约矣。"（《孙子·虚实篇》）所以，高明的指挥员宁可集中力量小口小口吃，也不愿分散力量贪多吃大，受制于敌。其二，在敌我力量抗衡的战场上，任何一方不管力量多么强大，但要达到在任何时候任何地点、任何方向都比对手强大，这几乎是不可能的。因为，力量强大的一方如果平均使用兵力，没有重点进攻方向，势必分散力量，难以实现自己的战略意图。但反过来，在一定的时间和空间内，在某个关键领域里建立或保持较为悬殊的优势，改变敌我力量对比，造成有利于我的战场态势，达到"胜兵若以镒称铢"的效果，对于强大的或弱小的一方来说，都是可以而且必须做到的。

需要指出的是，集中优势兵力各个歼灭敌人对处于劣势的军队来说尤其重要。毛泽东曾说过，中国历史上的晋楚城濮之战、楚汉成皋之战、韩信破赵之战、袁曹官渡之战、赤壁之战、新汉昆阳之战、秦晋淝水之战等等，胜利者在战争指导上"都是先以自己局部的优势和主动，向着敌人局部的劣势和被动，一战而胜，再及其余，各个击破，全局因而转化成了优势，转成了主动"。为此，在长期的革命战争实践中，鉴于我军处于劣势的现实，毛泽东特别重视探讨以弱胜强的规律，特别重视在战略上处于劣势情况下集中兵力的问题。如抗日战争时期，毛泽东明确指出："'集中大力，打敌小部'，仍然是游击战争战场作战的原则之一。""集中兵力并不是说绝对的集中，集中主力使用于某一重要方面，对其他方面则留置或派出部分兵力，为钳制、扰乱、破坏等用，或作民众运动。"① 当解放战争开始的时候，粟裕、谭震林在苏中七战七捷，刘邓大军在定陶歼灭敌军4个旅，毛泽东及时总结了他们的经验，起草了一个下发全党全军的文件《集中优势兵力，各个歼灭敌人》，指示全军："每战集中绝对优势兵力（两倍、三倍、四倍、有时甚至是五倍或六倍于敌之兵力），四面包围敌人，力求全歼，不使漏网。"② 认为这一原则"不但必须应用于战役的部署方面，而且必须应用于战术的部署方面"。"集中兵力各个歼敌的原则，以歼灭敌军有生力量为主要目标，不以保守或夺取地方为主要目标"。"实行这种方法，就会胜利。违背这种方法，就会失败。"③

在集中兵力的同时，还要合理选择攻击方向和攻击目标。避实击虚，最重要的就是攻击目标、攻击方向的选择。孙子说："出其所不趋，趋其所不意。行千里而不劳者，行于无人之地也；攻而必取者，攻其所不守也；守而必固者，守其所不攻也。"又说："进而不可御者，冲其虚也。"在孙子看来，只要在作战目标以及方向选择上贯彻了避实而击虚的方针，那么就掌握了战场主动权，就可以达到"善攻者，敌不知其所守；善守者，敌不知其所攻"的目的了。

公元1619年发生的萨尔浒之战便是我专敌分、各个击破的典型战例。

在这次战争中，努尔哈赤采取集中兵力、各个击破的战法，取得了对优势之敌的辉煌胜利，从而从根本上改变了明与后金之间的战略态势。

萨尔浒之战是明朝与后金政权在辽东地区行的一次具有决定意义的战略会战。在这次战争中，后金汗努尔哈赤表现了杰出的军事才能，运用集中兵力、各个击破的正确作战指导，取得了辉煌的胜利，从而根本地改变了辽东的战略态势：明朝方面由进攻转为防御，后金方面则由防御转入了进攻。纵观明和后金在萨尔浒之战中的战略、战术指导上的不同特点和战争的最终结果，可以充分地体会到《孙子·形篇》所说的"胜兵若以镒称铢，败兵若以铢称镒"的真切含义。

后金是居住在我国长白山一带的女真族建州部在明时建立的政权。它是由建州女真首领努尔哈赤在统一女真各部的基础上，于万历四十四年（1616）建立的。当时，明朝已进入中后期，政治腐败，经济停滞，军事懈弛，逐渐走向没落。在对待少数民族问题上，也不断加剧经济上的剥削和政治上的压迫，因而激起了包括女真族在内的各少数民族的强烈不满和反抗。努尔哈赤建立后金政权后，便利用女真人民这种不满情绪，积极向明辽东都司进行袭扰。于是，明和后金之间的矛盾逐步激化。

努尔哈赤在万历四十六年（后金太祖天命三年，1618）二月召集贝勒诸臣讨论方略，具体制定了攻打明军、兼并女真叶赫部、后夺取辽东的基本战略方针。

尔后厉兵秣马，扩充军队，刺探明军军情，积极从事战争准备。

经过认真准备和周密筹划之后，努尔哈赤便按照既定的决策开始军事行动。四月十三日，努尔哈赤以"七大恨"誓师，历数明廷对女真的七大罪状，既表达了女真人对明朝民族压迫政策的愤慨之情，又寻找到了女真军事贵族向明朝策骑称兵的政治借口。发布"七大恨"的翌日，努尔哈赤即率步骑两万攻打明军。四月十五日，后金兵兵临抚顺城下，明守将李永芳畏敌，开城投降。四月二十一日，后金军击败明军总兵张承荫部的一万援军。五月，攻克明的抚安堡、花包冲堡、三岔儿堡等大小堡十一个。七月，后金军攻入鸦鹘关，攻占清河堡。至此明抚顺以东诸堡，大都为后金军所攻占。

明廷在辽左覆军殒将后，决定发动一次大规模的进攻后金的战争，企图一举消灭建立不久而势力日炽的后金政权。明朝廷任命杨镐为辽东经略，调兵遣将，筹饷集粮，置械购马，进行战争准备。

万历四十七年（后金天命四年，1619）二月，明各路大军24万（一说11万，一说47万）云集辽沈。经略杨镐制定了作战方案，即兵分四路，分进合击，直捣后金政治中心赫图阿拉（今辽宁新宾老城），一举围歼后金军。具体部署是：以总兵杜松为主力，出抚顺关，从西面进攻；以总兵马林合叶赫兵，出靖安堡攻其北；以总兵李如柏经清河堡，出鸦鹘关，从南面进攻；总兵刘綎会合朝鲜兵，出宽甸攻其东；总兵官

秉忠率一部驻扎辽阳，作为机动；总兵李光荣率军驻
广宁保障后方交通。杨镐本人则坐镇沈阳，居中指挥，
限令明军四路军队于三月初二日会攻赫图阿拉。但是
明军出动之前，"师期已泄"，后金侦知了明军的作战
企图，努尔哈赤遂得以从容作出对策。

当时，后金的八旗兵力共六万余人，与明军相比，
处于劣势。但是就指挥和士兵素质而言，明军的总统
帅杨镐是文官，缺乏带兵经验，没有军事常识，虽然
手下每一路的将领不乏经验丰富的军官，但是总体调
度上首先犯了错误。就士兵的素质看，其时明朝军政
废弛，军队缺乏训练，没有必要的军事准备。而且士
兵来自各个地方，南方的士兵对北方寒冷气候很不适
应。相反，后金统帅是努尔哈赤是历史上少有的天才
军事家。后金军也是身经百战，军纪严明，且在辽东
作战，熟悉地形，适应气候，能够充分发挥自己的
优势。

努尔哈赤在探明明军的作战行动计划后，正确分
析判断敌情，认为明军东、南、北三路道路险远，不
能即至，遂决定采取"凭尔几路来，我只一路去"的
集中兵力、逐个击破的作战方针。他把六万八旗精锐
集结于赫图阿拉附近，准备首先给予孤立冒进的明西
路杜松军以迅雷不及掩耳的打击。

三月初一日，明东路刘绖军正由宽甸向西开进；
北路马林军由开原出发时，叶赫军尚未行动；南路李
如柏虽已由清河堡出发，但行动迟缓；只有西路主力
杜松所部"违期先时"，进至萨尔浒（今辽宁抚顺东大

伙房水库附近）。杜松分兵为二，以主力在萨尔浒扎营驻守，自率万人攻打吉林崖，但未能攻克。努尔哈赤针对杜松分兵的情况，派遣大贝勒代善等率两旗兵力增援吉林崖，截击杜松，使杜松两部不能互援；自己亲率六旗兵力进攻萨尔浒的杜松军主力。经过激烈的战斗，萨尔浒的明军被击溃，伤亡甚众。尔后，努尔哈赤又驰兵与代善合师，击破进攻吉林崖的杜松军另部。杜松在作战中阵亡，明主力西路军全军覆没。

次日，努尔哈赤又挥师攻击进至尚间崖的明北路马林军。当时马林军已知杜松军被歼的败讯，遂在尚间崖一带就地驻扎防御。后金军队向马林军发起猛烈的进攻，夺占尚间崖。北路明军主将马林仅以身免，逃回开原，这样，北路明军又宣告失利。

努尔哈赤在击败马林军后，立即移兵南下，迎击明东路刘綎军。刘綎治军素称严整，行则成阵，止则成营，炮车火器齐备，装备精良。努尔哈赤根据刘綎军的这一特点，采取诱敌速进、设伏聚歼的打法，力求全歼刘綎军。当时，刘綎军不知西路、北路已经失利，正向距赫图阿拉50里的阿布达里岗行进。努尔哈赤自率4000兵守城，派遣主力在阿布达里岗设下埋伏，另以少数兵卒冒充明军，持着杜松令箭，诈称杜松已逼近赫图阿拉，要刘綎速进，与杜松会师攻城。刘綎中计，下令轻装急进，当驰进到阿布达里岗时，遭到后金军的伏击，刘綎军惨败，刘綎本人阵亡。努尔哈赤乘势迫降了协同刘綎军作战的朝鲜军队。

杨镐坐镇沈阳，掌握着一支机动部队，但对四路明军，却未能作任何策应。及至三路丧师后，他才慌忙急檄南路李如柏军撤兵。李如柏军在回师途中，为小股后金哨探所骚扰，军士惊恐逃奔，自相践踏，死伤千余人，最后总算是逃脱了被后金军聚歼的悲惨命运。至此，努尔哈赤在五天之内，干净利索地结束了战斗。萨尔浒之战落下帷幕。

萨尔浒之战，是明与后金争夺辽东的关键性一战。后金军以劣势的兵力，在五天之内，连破三路明军，歼灭明军十多万人，缴获大量的驼马、甲仗和炮车等军用物资，取得了决定性的胜利。努尔哈赤此战的胜利，不但使后金政权更趋巩固，而且从此夺取了辽东战场的主动权，为日后的进一步发展创造了有利条件。而明军自遭此惨败，在战略上完全陷入被动，被迫采取守势，辽东局势日趋危急。

努尔哈赤在萨尔浒之战的作战指导上，有许多值得重视和肯定的特点。他善于运用集中兵力各个击破的方针策略，牢牢地掌握了战争的主动权。这表现为他对明军情况了解充分，判断准确，选择主攻方向合理；表现为善于集中使用兵力，造成局部的优势兵力，确保各个击破战术的顺利贯彻；表现为善于发挥其骑兵快速机动的特长，能够及时转移兵力，既弥补了自己兵力的不足，又使明军猝不及谋。这可谓是孙子"善攻者，动于九天之上"、"立于不败之地，而不失敌之败"自保全胜原则运用于实战的典范。

而明军的失败，也可视之为是对《孙子兵法》基本原则违背的结果。在萨尔浒之战中，明军在作战指导上屡犯错误。它对后金军情况了解不明，对出征困难估计不足，对整个军事行动筹划不周，贸然进军，播下失败的种子，是为其一。主力突出冒进，被歼后，其他各路未能及时应变，遭到各个击破，是为其二。机动部队未能作策应，主帅远处后方，不明前方战局，前线无人统一指挥协调，导致全线崩溃，是为其三。明军实际上正如孙子所说的那样，是"败兵先战而后求胜"，根本没有做到"先为不可胜，以待敌之可胜"，其沦落为失败者，不亦宜乎！

五　异彩纷呈，各擅胜场

——分类视域下的古代著名战例

 骑兵擢居第一军种：汉匈
漠北大鏖战

　　在战国七雄逐鹿中原之际，北方崛起了一个强悍的民族——匈奴。匈奴国的建立大约在公元前209年，它的极盛时期是在公元前209至前128年之间，大致相当于从秦朝末年到汉武帝元朔元年这一阶段。在公元前4世纪，匈奴王庭位于漠南阴山以北的头曼城，距黄河河套已经不远。公元前4世纪末，赵武灵王将长城筑到阴山南麓，但匈奴势力不久就突破了长城，占领了河套以南的地方。秦统一六国后，于公元前214年派遣蒙恬统军40万北击匈奴，全部收复了"河南"地区。① 但是十多年后，当秦朝崩溃，楚汉战争杀得不可开交之际，匈奴势力又再度深入"河南"，并且多次攻掠了燕郡（河北北部）和代郡（山西北部）。

----

　　① 参见《史记·秦始皇本纪》、《史记·蒙恬列传》。

公元前 200 年左右，当汉王朝建立之初，匈奴军队突然包围了并州北部的马匹交易地马邑，紧接着又南侵太原，迫使刘邦亲率 32 万大军北上反击，一直攻到平城（今山西大同）。但是习惯于中原作战的汉军步兵完全不适应机动性极强的骑战，一夜之间竟被 30 多万匈奴骑兵反包围于平城以东 17 里的白登山，最后只好以和亲为条件，订下了屈辱的城下之盟，此为汉廷与匈奴之间的第一次大战。此后汉朝因建立初始，干戈方息，实力不逮，百废待兴，不得不在军事上采取守势，消极防御，力求以和亲与财物供奉的方式维持边境的和平。但是和亲和防御并不能真正遏制匈奴的进攻，汉朝的边患始终很严重。

在以后的时间里，汉朝历经惠帝、吕后与文、景两帝，一方面休养生息，发展生产；一方面开始调整军队的兵种结构，大力建设骑兵部队。如汉文帝时规定每一农户要养马一匹，以资军需①。匈奴方面则占领了河西走廊，又征服了西域，从正北和西北两个方向对中原形成包围之势，从公元前 180 至前 146 年间，匈奴骑兵频繁地对从陇西到辽东的长城以南地区进行掳掠袭扰，边境冲突持续不断，汉军也进行了坚决的反击，有力地遏制了匈奴向中原的推进之势，使战线基本上稳定在西北边境线上。这一时期也可以称之为双方的战略相持阶段。

_____

① 参见《汉书·食货志上》。

　　汉武帝登基后，即积极从事反击匈奴的战争准备。军事上进一步加强骑兵部队的建设，修筑军事要道；政治上加强中央集权，如"举贤良文学"以扩大统治基础，举行封禅礼以提高皇帝权威，实行"推恩法"以削弱地方势力，等等；经济上实行盐铁官营以增加战争物资储备，从而全面造就了战略反击匈奴的条件。在此基础上，汉武帝于元光六年（前129）起，展开了大规模反击匈奴的战争行动，深入匈奴境内，对匈奴贵族势力实施严厉的打击。

　　经过漠南、河西两大战役，汉军收复了河南地区，消除了匈奴对京师长安的直接威胁；攻占了河西走廊地区，打通了汉通西域的道路，断绝了匈奴与西羌的联系，并将匈奴两部切断，实现"断匈奴右臂"的战略目标。至此汉军已完全占有了整个战争的主动权。汉武帝为了彻底歼灭匈奴主力，从根本上解决边患问题，遂决定对匈奴采取更大规模的军事行动，集中兵力，深入漠北，寻歼匈奴主力。这样，就发起了漠北之战。

　　在这场战役中，武帝集中了精锐骑兵10万人，组成两个大的战略集团，分别由大将军卫青、骠骑将军霍去病统率。另以步兵数10万、驮马10余万匹配合骑兵主力的行动。卫青、霍去病接受任务后，于元狩四年（前119）春各率精骑5万，步兵后勤和支援部队数十万，分别出定襄和代郡，沿东西两路北进，决心在漠北与匈奴进行会战。

　　匈奴单于得悉汉军将至，在转移辎重、部众、牲畜的同时，"以精兵待于幕北"①，企图待汉军疲惫后再歼之。卫青出塞后，得知单于的战略意图和王庭所在地，遂当机立断，率主力直扑单于大营，迅捷北进数百公里，横渡大沙漠后，两军主力遂相遭遇。卫青下令用武刚车环绕为营，以防匈奴骑兵袭击，同时指挥数千精骑向单于军发起猛攻，单于当即派遣万骑应战。双方激烈厮杀，直至黄昏。这时大风骤起，飞沙扑面，两军难辨彼此，形成一场混战。卫青乘势分轻骑从左右迂回包抄，单于见战况不利，就率数百骑突围，向西北方向逃遁。卫青立即派遣轻骑连夜追击，自己则率主力随后跟进，一直进至寘颜山（今蒙古杭爱山南麓）的赵信城，放火焚毁其城以及匈奴的积粟，然后胜利班师。是役共歼匈奴军近两万人。

在另一个主攻方向上，霍去病率军出代郡和右北平，北进一千余公里，渡过大漠，与匈奴左贤王部接战，尽歼其精锐部队，俘获和斩杀匈奴屯头王以下7万余人。左贤王弃军逃逸，仅以身免。霍去病乘胜追杀，直抵狼居胥山（今蒙古乌兰巴托东），兵锋逼至贝加尔湖之畔，然后凯旋而还。

漠北之役是汉和匈奴之间规模最大、战场距离中原最远，也是最艰巨的一次战役。在这场交锋中，共歼匈奴军9万余人，严重地削弱了匈奴的势力，使匈奴从此无力再大举南下，造成了"是后匈奴远遁，而

---

① 《汉书·匈奴传》。

幕南无王庭"① 的局面，汉武帝反击匈奴之战至此取得了决定性的胜利。

漠北之战也是汉军实施的规模最大的超远距离骑兵集团作战，充分表现了汉军骑兵的独立作战水平和后勤支援能力。此战虽然迫使匈奴放弃漠南向西北方远遁，但汉军也付出了惨重的代价。据汉史资料所记，当时卫青、霍去病两军出塞时，塞上登记的过境马匹共 14 万匹，而战后入塞时则不足 3 万匹；步卒的死亡也多达数万名。故此战之后，汉军由于缺少战马，已无力实施追击了；而匈奴伤亡殆尽，自然也不敢再来入边。直到公元前 114 年，汉将公孙贺率 15000 骑从九原再次出塞，军行 2000 余里，竟然看不见一个匈奴人；又派赵破奴从令居出塞，直至匈奴河水（杭爱山南麓），也看不到一个匈奴人。

十年以后，太初元年（前 104）汉军再次攻击匈奴右部，匈奴北退，大军西征，爆发了楼兰之战。此后近三十年汉匈之间又展开了对西域的争夺战。直至汉宣帝五凤四年（前 54），匈奴国分裂，南匈奴降汉回归漠南，北匈奴应康居国王之邀（在咸海与巴尔克什湖之间）西迁至都赖水（恒罗斯河）上游。至此，匈奴势力才不再对中原地区构成威胁。事实上，直到东汉和帝永元二年（公元 90）的金微山（阿尔泰山）之战后，北匈奴的势力才最后退出中亚地区，他们先是西迁至康居，之后又离开康居，绕过咸海，一直向

---

① 《汉书·匈奴传》。

西走到伏尔加河流域定居下来，成为公元4世纪时伏尔加河流域匈人的祖先。

以漠南、河西、漠北三大战役为中心的反击匈奴之战，在战略指导与战术运用上有颇多可称道之处。第一，进行充分的战争准备，做到了"胜兵先胜而后求战"①，即根据对匈奴作战的需要，建设骑兵，选用青年将领；军事与外交密切配合，以孤立匈奴；实施战时经济体制，保障对匈奴作战的后勤供应。第二，高明运用骑兵战术，采取积极进攻的方针。汉军在几次重大战役中都充分发挥了骑兵快速机动的特点，实施远距离迂回、包抄、奔袭，连续进攻，不给敌手以喘息的机会，既能出其不意，又能威加于敌，给匈奴军以大创聚歼，取得了巨大的战果。第三，采取各个击破的方针。汉军在打击敌手时，先弱后强，循序推进，切断匈奴各部之间的联系，分而制之，始终掌握着战争主动权。同时，还能注意主力与偏师之间的配合，以偏师牵制对手，以主力重创对手，收到了很好的效果。

尤其值得注意的是汉匈战争的重大军事学术意义，即它改变了传统的中原作战方式。原来只是作为军之"耳目"的骑兵部队现在成为作战的主力；而步兵的作战对象已不是敌方的步兵，所以必须具备抗击敌之骑兵密集攻击的能力，于是弓弩兵的配置受到重视，如武帝时的名将李陵任骑都尉时，曾受命在酒泉、张掖

_____

① 《孙子·形篇》。

训练5000名步兵弓箭手，他在以步兵抗击敌优势骑兵的进攻时，便是令步兵利用地形以弓弩给敌骑兵以重大杀伤的。战车则更多地是用来防御，而不是攻击，如漠北决战中，汉军与匈奴主力遭遇后，便将武刚车环绕为营，以防敌骑突袭。由于匈奴骑兵出没无常，汉军塞外行军也采取疏散的队形，而且把侦察部队派出很远，以便及时报警。总之，正是这样长期的作战环境，迫使汉朝军队摆脱了楚汉战争时期以步兵为主的作战方式，开始全面进入骑兵时代。

"五兵之中，唯火最烈"：
火攻与赤壁之战

"烈火张天照云海"，"赤壁楼船扫地空"，这两行大气磅礴、音节铿锵、形象鲜明、叱咤风云的诗句，出自于唐代伟大诗人、号称"诗仙"的李太白之《赤壁送别歌》。它同宋代大文豪苏东坡的千古绝唱——《念奴娇·赤壁怀古》一样，为人们绘声绘色地重现了公元208年发生的一幕：曹操、孙权、刘备三方赤壁大鏖战的生动而又惨烈的场景。这场决定魏、蜀、吴三国鼎立的大战的最基本特色，就是"火攻破敌"："遥想公谨当年，小乔初嫁了，雄姿英发，羽扇纶巾，谈笑间，樯橹（一作强虏）灰飞烟灭。"处于战略弱势地位的孙、刘联军，运筹帷幄，指挥若定，巧妙地以火助攻，一把冲天大火烧得数十万曹操雄师鬼哭狼嚎，丢盔弃甲，溃不成军，狼狈北窜。曹孟德横槊赋诗、并吞寰宇的气概和雄心，"周公吐哺，天下归心"的远大理想，就此付诸东流，抱恨终身！

在漫长的中国古代战争历史上，除了野战、城池攻守等常规战法之外，还有许许多多形式各异、惊心动魄的特殊战法，例如山地战、丛林战、荒漠戈壁战、河川湖泊战、夜战、雪战、水战、火攻等。其中尤以火攻为人们广泛瞩目，曾上演过一幕幕惊天地泣鬼神、气吞山河的战争活剧。历史上不少脍炙人口的著名战例，往往与"火攻"相联系，仅就三国历史而说，几场关键性的战役——官渡之战、赤壁之战、夷陵之战，就是火攻制敌的典范。

所谓"火攻"，就是通过放火燃烧的途径，猛烈打击敌人，歼敌有生力量，毁敌战争资源，从而争取主动，克敌制胜。在古代冷兵器作战的条件下，火攻称得上是威力最为强大、效果至为明显的作战手段之一。火攻一旦奏效，便会使敌方的器械物资、城池营垒片刻之间化为乌有，三军人马瞬息之间毁伤殆尽，从而为纵火的一方主动进攻创造良好的作战态势。所以，明代杰出的军事家戚继光将军不无感慨地说："夫五兵之中，唯火最烈；古今水陆之战，以火成功者多。"（《练兵实纪·杂集》卷二）

在诸多运用"火攻"战术而取胜的战例当中，赤壁之战是最为人们所熟悉，也是最具典范意义的一个。赤壁之战爆发于公元208年，是曹操集团与孙权、刘备同盟在今湖北江陵与汉口间的长江沿岸地区进行的一次战略会战，它对确立三国鼎立的形势具有决定性的意义。在这场战争中，孙、刘五万联军面对总兵力达二十三四万之多的强大曹军，正确分析形势，找出其弱点和不利因素，采取密切协同、以长击短、以火佐攻、乘胜追击的作战方针，一举打败曹军，成为历史上运用火攻以弱胜强的典范战例。

公元200年，曹操在官渡之战中打败袁绍，进而统一了北方，占据了幽、冀、青、并、兖、豫、徐和司隶（今河南洛阳一带）共八州的地盘，形成了独占中原的格局。曹操在争夺中原的战争过程中，实行了抑制豪强、选拔贤能、推行屯田等一系列改良措施，建设起一支有较强战斗力的军队。在结束对乌桓的战争后，曹操的后方基本稳定，这使他进一步强化了夺取全国的封建统治权的欲望，于是便积极做向南方进军的准备，他在邺城修建玄武池训练水军，并派人到凉州（今甘肃）授马腾为卫尉予以拉拢，以避免南下作战时侧后受到威胁。

当时，南方的主要割据势力有两个，一是吴国的孙权，他占据扬州的吴郡、会稽、丹阳、庐江、豫章、九江等六郡。这些地方土地肥沃，物产丰富，在当时遭受战乱较少。而北方人的南迁又给当地带来了先进的生产技术，因此东吴的经济有了长足的进步，国力有所增强。在军事上，孙权拥有精兵数万，有周瑜、程普、黄盖等著名将领，内部团结，加上据有长江天险，因而使它成为曹操吞并天下的主要障碍。

南方另一个主要割据势力是荆州的刘表。他基本上采取了维持现状的政策。但这时刘表本人年老多病，处事懦弱，其子刘琦和刘琮又因争夺继承权而闹得不可开交，所以政权并不稳固。

至于刘备，在当时还没有自己固定的地盘，他原来依附袁绍，官渡之战后投奔刘表。刘表让刘备屯兵新野、樊城，为自己据守阻止曹军南下的门户。但刘备并非寻常之辈，他的雄心是"匡复汉室"，所以趁着这个机会积极扩充军队，网罗人才。当时他拥有诸葛亮、关羽、张飞、赵云等谋士、猛将，是曹操吞并天下的又一个重要障碍。

公元208年七月，曹操亲率大军南下，他的第一个战略目标是荆州。因为荆州不仅物产丰富，而且地居长江中游，是南北交通的要道。占据了荆州，既能够控制今湖北、湖南地区，又可以顺江东下，从侧面打击东吴；向西进军则可以夺取富饶的益州（今四川）。同年八月，刘表病死，其次子刘琮继任荆州牧。九月，曹操进抵新野，刘琮不战而奉表迎降。

刘备在樊城获悉刘琮投降的消息后，急忙率所部向江陵（今湖北江陵）退却，并命令关羽率领水军经汉水到江陵会合。江陵是荆州的军事重镇，是兵力和物资的重要补给基地。曹操担心江陵为刘备所占有，便亲自率领轻骑五千，日夜兼行三百里，追赶行动迟缓的刘备军队，在当阳（今湖北当阳）的长坂坡击败刘备，占领了战略要地江陵。刘备仅同诸葛亮、张飞、赵云等几十骑突围逃到夏口（今湖北汉口），同关羽的一万多水军以及刘表的长子刘琦率领的一万多人马会合后，退守长江南岸的樊口（今湖北鄂城西北）。

曹操占据江陵之后，企图乘胜顺流东下，占领整个长江以东的地区。谋士贾诩认为应利用荆州的丰富资源，休养军民，巩固新占地区，然后再以强大优势迫降孙权。但是曹操由于对荆州的军事行动进展顺利，获得大量的军事物资和降兵、降将，实力大增，因而滋长了骄傲轻敌情绪，坚持继续向江东进军。

在曹操进兵荆州以前，东吴曾经打算夺占荆州与曹操对峙。刘表死后，东吴又派鲁肃以吊丧为名去探察情况。鲁肃抵江陵时，刘琮已投降了曹操，刘备正向南撤退。鲁肃即在当阳的长坂坡会见刘备，说明联合抗曹的意向。刘备正在困难之际，便欣然接受了这个建议，并派诸葛亮随鲁肃前去会见孙权。诸葛亮向孙权分析了当时的形势，指出：刘备最近虽兵败当阳长坂坡，但是还具备着水陆二万余众的军事实力。曹操兵力虽多，但是长途跋涉，连续作战，非常疲惫，就像一枝飞到尽头的箭镞，它的力量连一层薄薄的绸子也穿不透了，"强弩之末，势不能穿鲁缟"。何况曹军多是北方人，不习水战，荆州是新占之地，人心不服。在这种形势下，只要孙、刘两家携手联合，同心协力，一定能够打败曹军，造就三分天下的形势。孙权赞同诸葛亮的分析，打消了对联合抗曹的顾忌。

但是东吴内部也存在着反对抵抗、主张投降的势力。长史张昭等人为曹操的声势所慑服，认为曹操"挟天子以令诸侯"，兵多势众，又挟新定荆州之胜，势不可当；双方实力相差悬殊，东吴难以抵御曹军的进攻，不如趁早投降。张昭是东吴文臣的领袖，他这样的态度，使得孙权左右为难。这时主战派鲁肃密劝孙权召回东吴最高军事统帅周瑜商讨对策。

周瑜奉召从鄱阳赶回柴桑（今江西九江西南）。他同鲁肃一样，也主张坚决抗御曹操。他认为：曹操虽然统一了北方，但是后方局势并不稳定，马超、韩遂对凉州的割据，对曹操侧后是一个很大的威胁。曹军舍弃北方军队善于骑战的长处，而同吴军进行水上较量，这是舍长就短。加上时值隆冬，马乏饲料，北方部队远来江南，水土不服，必生疾病。这些都是用兵的大忌。曹操贸然东下，失败不可避免。接着，周瑜又向孙权分析了曹操的兵力实情，认为曹操的中原部队不过十五六万，并且疲惫不堪。荆州的降兵最多有七八万人，而且心存恐惧，没有斗志。这样的军队，人数虽多，并不可怕，只要动用精兵 5 万，就足以打败曹军。周瑜深入全面的分析，使孙权更加坚定了联刘抗曹的决心。于是，就拨精兵 3 万，任命周瑜、程普为左右都督，鲁肃为赞军校尉（相当于现代军队中的参谋长），率领军队与刘备会师，共同抗击曹操。

208 年十月，周瑜率兵沿长江西上到樊口与刘备会师。尔后继续前进，在赤壁（今湖北嘉鱼东北）与曹军打了一个遭遇战，曹军战败，退回江北，屯军乌林（今湖北嘉鱼西），与孙刘联军隔江对峙。

这时曹军中疾病流行，又因多是北方人，不习惯于水上的风浪颠簸，便用铁环把战船连接起来。周瑜的部将黄盖针对敌强我弱，不宜持久，和曹军士气低落、战船连接等实际情况，建议采取火攻，奇袭曹军战船。周瑜采纳了这一建议，制定了"以火佐攻"，因乱而击之的作战方针。

周瑜利用曹操骄傲轻敌的弱点，先让黄盖写信向曹操诈降，并与曹操事先约定了投降的时间。曹操不知是计，欣然接受。黄盖率蒙冲（一种用于快速突击的小船）、斗舰数十艘，满载干草，灌以油脂，并加以伪装，插上旌旗，同时预备快船系挂在大船之后，以便放火后换乘。当时，正刮着东南风，战船航速很快，向曹军阵地接近。曹军以为这是黄盖真来投降，皆"延颈观望"，毫不戒备。黄盖在距曹军二里许，下令各船同时放火。一时间"火烈风猛，船往如箭"，直冲曹军。曹军船只首尾相连，分散不开，移动不便，顿时成了一片火海。这时，风还是一个劲地刮，火势遂向岸上蔓延，一直烧到了岸上的曹军营寨。曹军被这突如其来的大火烧得惊慌失措，溃不成军，烧死、溺死者不计其数。在长江南岸的孙刘联军主力船队乘机擂鼓前进，横渡长江，大败曹军。曹操被迫率军由陆路经华容向江陵方向撤退，行至云梦时曾一度迷失道路，又遇风雨，道路泥泞，以草垫路，才使骑兵得以通过。一路上，人马自相践踏，死伤累累。孙刘联军乘胜水陆并进，一直追到南郡（今湖北江陵境内）。曹操留曹仁、徐晃驻守江陵，乐进驻守襄阳，自率残余部队逃回北方。赤壁之战至此以孙权、刘备方面大获全胜而告结束。

赤壁之战是我国历史上火攻的典型战例。在这场战争中，弱小的孙权、刘备联军面对屡战屡胜、兵锋甚锐的曹操大军，在知彼知己的基础上，针对曹操骄傲轻敌、舍长用短的特点，利用地理、天时方面的有利条件，果断采取"以火佐攻"的作战方针，乘敌之隙，一举而胜之。在具体作战过程中，孙刘联军也认真贯彻了《孙子·火攻篇》中所倡导的基本原则。首先，他们充分做好了实施火攻的准备，即准备了充足的火攻器材和用于突击的蒙冲等物，这就是所谓的"行火必有因，烟火必素具"。他们也做到了"发火有时，起火有日"，即充分利用东南风大起的机会，及时地放火焚烧曹军的战船。孙子说："火发于内，则早应之于外。"周瑜、刘备等人在实施火攻袭击成功的情况下，不失时机地率领主力船队横渡长江，乘敌混乱不堪之际，奋勇攻击曹军，从而扩大了战果，赢得最后的胜利。孙刘联军在赤壁鏖战的突出表现，证明了它的统帅集团不愧为谙熟"凡军必知有五火之变，以数守之"这一火攻原则的卓越代表。

《孙子·火攻篇》说道："夫战胜攻取，而不修其功者，凶。命曰费留。"曹操在夺取荆州后，不能"修其功"，拒绝了贾诩关于先稳定新占领区再伺机攻打东吴的正确建议，轻敌冒进，率意开战，在作战部署上又犯连接战船等错误，加上对孙、刘联军可能实施火攻的情况茫然无知，疏于戒备，轻信黄盖的诈降欺骗，终于导致可悲的失败，葬送了统一全国的大好机会，其教训是非常深刻的。

"攻城为下，攻心为上"：
诸葛亮平定南中之战

孙子是中国历史上第一位系统阐述军事心理学的兵学大师，军事心理思想是他兵学理论体系中的重要组成部分。在《孙子·九地篇》中，他对军事心理学作了最原始的考察，提出了在正确认识部队心理状态的基础上，激励士气，鼓舞斗志，夺取胜利的主要原则和具体方法。

常言道："世事洞明皆学问，人情练达即文章。"孙子对"人情"的体会也是如此，认为"人情之理，不可不察"。基于这样的观念，他对部队在不同情况下的心理反应进行了细致的分析，并进而论述了部队作战中更为普遍的心理活动规律，这就是"兵之情，围则御，不得已则斗，过则从"。

了解军事心理的目的，是为了在战争中加以运用，为此，孙子系统提出了如何巧妙利用部队作战心理的具体方法，其宗旨是因势利导，使官兵们为自身的生存而殊死奋战。

在军事科技迅猛发展的今天，人的因素在战争中的地位和作用并没有减弱。因此，正确运用军事心理学理论管理部队、指导战争，依然是一个重要的课题。美军是目前世界上武器装备最为先进的军队，但它仍非常重视掌握、运用军事心理学理论，积极摸索利用人的心理因素以达到克敌制胜目的的途径。如它主张内部的团结，其 SPAP 心理训练计划中的一条重要原则即是"维护部队内部的团结"。又如，美军十分注重对敌人从事心理战，在海湾战争、科索沃战争、阿富汗战争以及伊拉克战争中，通过散发传单、电台广播、寄送电子邮件等方式，开展铺天盖地、强大持续的政治、军事攻心，动摇对手的抵抗意志，瓦解对手的军心士气，收到了相当理想的效果，为夺取战争的胜利创造了有利的条件。美军成功的做法给我们很大的启示，即在现代高科技战争条件下，军事心理学活动的舞台不但不见萎缩，而是更加广阔，大有可为，古代军事心理思想和与之相生的古代心理战，作为中国古代军事文化遗产的重要组成部分，仍然可以为我们从事军队建设、指导未来可能爆发的战争，提供有益的借鉴，发挥应有的作用。

战争，既是军事力量的较量，更是人心向背和智慧的竞争。恃强逞暴，穷兵黩武，往往自取败亡；而深谋远虑，先计后战，攻心为上，则常常能以较小的代价夺取较大的胜利。因此，"攻人以谋不以力，用兵斗智不斗多"，是中国古代高明的军事统帅追求的最高境界。三国时期蜀汉诸葛亮七擒孟获、平定南中之战，称得上是"心战优于兵战，攻心胜过攻城"这方面的一个典范。对此，《唐太宗李卫公问对》曾有很高的评价，认为"诸葛亮七擒孟获，无他道也，正兵而已矣"，而"正兵，古人所重也"。

蜀汉的南中地区，包括越巂、益州、永昌、牂柯等四郡，所辖地域为今四川南部、云南东北部和贵州西北部一带。这里除了居住汉族之外，还聚居着众多少数民族，统称"西南夷"。秦汉以来，由于各种原因，南中地区的民族矛盾一直比较尖锐，曾多次发生动乱。刘备占据益州后，为了稳定蜀汉政权，曾根据诸葛亮"隆中对"中提出的"南抚夷越"的方针，采取过一些安抚措施。但南中的豪强地主和一些少数民族的上层首领，却常常利用民族矛盾发动武装叛乱，以求自己能长期割据一方，称王称霸。

蜀汉后主建兴元年（223），益州郡（今云南晋宁）大姓雍闿起兵叛乱，残杀太守正昂，又缚送继任太守张裔至东吴，以换取东吴的支持。孙权即任命雍闿为永昌太守，声援叛乱。雍闿还利诱永昌郡少数民族首领孟获，让他出面煽动当地各族群众叛蜀。紧接着，越嶲郡（今四川西昌）的夷族首领高定、牂柯郡（今贵州西部）郡丞（一说太守）朱褒也纷纷响应雍闿，相继投入叛蜀的动乱中。

南中的叛乱，对新建立的蜀汉政权构成了巨大的威胁。当时蜀汉刚在猇亭之战中遭到惨败，刘备因战败而忧愤攻心，病死于白帝城，后主刘禅新立，政权尚不稳固；加上孙权、曹魏威胁在外，形势十分危急。但辅佐后主的诸葛亮深谋远虑，他没有采取仓促起兵平乱的措施，而决定暂时"抚而不讨"，传令各地闭关严守，休养生息，恢复生产，整顿吏治，修明纲纪；同时，设法与东吴孙权媾和修好，重建了吴、蜀联盟，从而减轻了外部压力，也孤立了叛乱分子，为当时的蜀汉政权赢得了恢复巩固的时机。待形势稳定后，诸葛亮开始了平定南中叛乱的军事行动。

建兴三年（225）春，诸葛亮在招降雍闿遭拒绝、用和平手段解决矛盾无望的情况下，亲率大军南征。临行前夕，参军马谡向他献计献策：用兵打仗的原则，是攻心为上策，攻城为下策，争取内心归附为高明，依赖硬打强攻为平庸，建议诸葛亮以政治攻心为主、军事镇压为辅的方针指导平定南中的战争，诸葛亮非常欣赏这一意见，并在平叛军事实践中坚持了这一方针。

蜀军兵分三路，南下进击各地叛军。由于战前做了充分准备，蜀军训练有素，士气高昂，战事展开相当顺利。诸葛亮的西路主力部队，顺岷江至安上（今四川屏山），旋即西向进入越嶲地区，这时夷族首领高定已分别在旄牛（今四川汉源）、定窄（今四川盐源）、卑水（今四川昭觉附近）一带部署军队，修筑营垒，对抗蜀军。为了围歼叛军，诸葛亮在卑水驻军等待时机。高定见蜀军已到，忙把属下叛军从各处调集汇合起来，准备同蜀军决战。诸葛亮乘叛军尚未完全调集部署的时候，迅速进兵，发起突袭，一举歼灭叛军，诛杀高定，收复了越嶲郡。

与此同地，蜀军东路马忠部和中路李恢部也先后击破叛军朱褒等部，攻占了牂柯等郡。他们与诸葛亮亲率的西路蜀军互相策应，使南中平叛的军事行动一步步走向胜利。在扫清叛军外围的基础之上，诸葛亮随即指挥大军继续南下，直指叛军的最后据点益州郡。

这年五月，蜀军冒着酷暑炎热，穿过人烟稀少、烟瘴弥漫的荒山野岭，渡过泸水（金沙江），进入南中腹地，逼近益州郡。这时，叛军内部已经起了变化，叛军总头目雍闿在内讧中被高定的部下杀死，当地彝族首领孟获继位统率雍闿余部，指挥叛军对抗蜀军。

孟获是当地少数民族中的一位酋长，在当地民众中有很高的声望和号召力。他为人豪迈豁达，作战剽悍勇敢，然而缺乏政治头脑，仇视汉人，以至为少数民族中别有用心的分裂分子所利用，成为民族动乱的一面旗帜。对于这样一位人物，如果单纯予以武装镇压，效果不会太理想，反而会更激化汉族与少数民族之间的矛盾；同时，孟获也与雍闿有区别，对他存在着进行争取、团结的可能。分析了这些情况后，诸葛亮便对孟获采取了"攻心为上"的政策，军事打击和政治招抚双管齐下，以求一劳永逸地解决西南地区的民族问题，消除蜀汉将来北伐曹魏的后顾之忧。

在这一战略方针指导下，诸葛亮指挥蜀军迅速挺进，兵临益州郡城之下。孟获对蜀军的大举进攻，倒也并不怎么畏惧，而是积极准备，守城应战。在两军交锋之前，诸葛亮特地下令只许生擒孟获，不许伤害其性命。双方开仗时，蜀国设置埋伏，诱使孟获贸然出击。孟获不知是计，进入蜀军预设的埋伏圈，结果战败就擒。蜀军将士将孟获缚至诸葛亮帐前，诸葛亮问他还有何话可讲。孟获双眼一瞪，吼道：我这番被擒，是中了你们的诡计，心里根本不服。若两军光明正大厮杀一场，蜀军未必会赢。诸葛亮听了淡淡一笑，表示既然不服输，那就放你回去，再交手一次如何。他在让孟获观看了蜀军阵容后，即予以释放。孟获回营之后，立即厉兵秣马，再次与蜀军交锋，结果一样惨遭败绩，再次被擒。诸葛亮胸有成竹，又一次释放了他。这样再战再擒，一捉一放，前后共达七次。孟获终于对诸葛亮彻底心悦诚服，说七擒七纵，古来未有，丞相之威德，无人可及。他表示永远不再叛乱了。南中叛乱，本是当地豪强大族和少数民族上层人物挑起的不义之战，没有群众基础，得不到人民的真正支持；而诸葛亮的平叛措施得当，注意政治攻心，因此平叛行动进展顺利，春天出兵，秋天即告胜利，讨平了叛乱势力。《唐太宗李卫公问对》有言："夫攻者，不止攻其城击其陈而已，必有攻其心之术焉。"诸葛亮七擒孟获，平定南中叛乱，堪称"攻其心"而胜的成功范例。

平叛之后，诸葛亮即实施"和夷"政策，这是他攻心战略的继续。首先是撤军。叛乱一平定，诸葛亮就从南中地区撤出军队，不留兵镇守，从而缓解了与当地少数民族的矛盾，使得"纲纪粗定"，"夷汉粗安"。其次是拉拢和起用当地有影响的人物，如任命孟获为御史中丞，通过他们来加强蜀汉在南中的统治，巩固中央对地方的权威。其三是帮助南中进行经济开发，从内地引进比较先进的生产技术，提高这一地区的农业生产力。诸葛亮推行这一系列"攻心为上"的方针，密切了民族关系，解除了蜀汉政权的后顾之忧，并从中得到大量的物力、人力的支持，确保他可以专心致志对付曹魏，为以后"六出祁山"、北伐中原的战争活动创造了条件。

 先利其器：李光弼以弩制敌骑

弩是古代冷兵器作战中一种很有威力的武器。所谓弩，就是装置有金属或木制发射机的改进型的弓。汉代许慎的《说文解字》解释为"弩，弓有臂者"；《尔雅·释名》的解释是："弩，怒也，有势怒也。"这就是说，弩是加有机具而又威力大于一般弓的弓，所射出的箭有怒不可犯之势。它的最大特点，就是既可加大弓力，又能从容瞄准，使弓的威力大大增强。

据徐中舒、唐兰等历史学家考证，弩在殷商时期就被用于战争，但弩真正大量用于作战并发挥重要作用，则当在春秋战国时期。《孙子兵法·势篇》中形容居高临下、锐不可当的攻势就叫"势如彍弩，节如发机"。战国时期韩国有一种用脚的力量张弩的"蹶劲弩"，能远射六百步以外，可以"一人当百"。当时用弩杀敌的最成功战例就是马陵之战。在这场战斗中，孙膑指挥齐军在马陵道伏击庞涓所率的魏军，"齐军万弩俱发，魏军大乱相失。庞涓自知智穷兵败，乃自刭"（《史记·孙子吴起列传》）。可见这一仗在很大程度上是用弩箭取胜的。弩在战国战争中的重要性由此可见一斑。

汉魏以来，弩的使用更为普遍。如项羽伏弩射中刘邦，李广以"大黄弩"射杀匈奴神将，李陵以"连

弩"射匈奴单于，耿恭以"药弩"攻匈奴，司马懿以
"石连弩"征公孙渊，诸葛亮改进"连弩"，刘裕以
"万钧神弩"攻卢循，等等。至于唐代名将李光弼以强
弩击破安禄山叛军劲骑，收复常山，更是历史上以弩
制骑的一个典型战例，同时，也是对古代兵法中"兵
以轻胜"原则的有力印证。

　　唐玄宗天宝十四年（755）"安史之乱"爆发后，
李光弼在郭子仪的举荐下，临危受命，出任河东节度
使，主持河北战场的平叛军事行动。次年二月，李光
弼率番汉步骑一万和太原弩手 3000 人，东出井陉口，
进抵常山（今河北正定县）。在常山的三千团练兵听说
李光弼大军已至，便积极行动起来，杀死守城的叛军，
并生擒叛将安思义，出城献给了李光弼。李光弼招降
了安思义，并听取其持久固守、乘隙破敌的建议，随
即移军入城内，一方面加固城防，一方面休整部队，
养精蓄锐，准备迎战叛军。

　　史思明当时正统率数万大军攻打饶阳，距离常山
仅二百余里。当他得知李光弼兵进常山，便立即从饶
阳撤兵西进。次日凌晨，叛军前锋即抵常山城下。接
着，史思明亲自率领的二万多名精骑扑向常山。李光
弼即令 5000 步兵出东门迎战。但因叛军骑兵堵住东
门，唐军无法冲出城去。这使李光弼清醒地意识到，
以步兵对付骑兵无法取胜。于是，他当机立断，下令
500 名弩手在城上对叛军一齐射击，在飞蝗般的弩箭攻
射之下，叛军骑兵抵挡不住了，稍稍向后退却。李光
弼见用弩奏效，就又下令将 1000 名弓弩手分为四队，

轮番不断地用弩弓发箭射击敌骑。史思明的骑兵遭到很大的损失，无可奈何之下，只好解围后撤，"敌不能当，敛军道北"，唐军遂乘机杀出城门。

接着，李光弼亲自指挥唐军5000人，夹滹沱河布列阵势，而将弩手梯次配备于阵内外。史思明的骑兵自南下以来，一直是纵横驰骋、所向披靡的，如今竟被李光弼一举从城内击退，不禁老羞成怒，遂重新调整骑兵队列，向唐军阵地连续发起猛烈的冲击，但结果都被唐军弩手用箭射退了，损兵折将，死伤惨重，"人马中矢者太半"，于是不得不暂时停止进攻，等待会合步兵之后再作下一步打算。

这时，李光弼得到了一则重要的军事情报，说是史思明的5000步兵正从饶阳赶来增援常山的骑兵，一昼夜急行军走了170里地，现在已到达九门（今河南藁城县西北）城南的逢壁，正在那里埋锅做饭。李光弼当即率步、骑各2000人前往突袭。乘其吃饭戒备松懈之际，指挥步、骑兵实施猛烈的攻击，将其一举全歼，"纵兵掩击，杀之无遗"。

史思明闻报步军悉数就歼，大惊失色，懊丧不已，无可奈何之下只好解常山之围，率兵退守九门和藁城两县。李光弼见叛军势穷力竭，遂不失时机地展开反击，乘胜收复了属于常山郡的真定、石邑、行唐、井陉、平山、获鹿、灵寿等七县，声势大震。

为了扭转战局，史思明派兵切断了唐军的粮草运输线，企图借此困死唐军。李光弼随机应变，发兵打通粮道。在作战中，他继续发挥弓弩手的作用，以

1000弩手配合步兵结成方阵而行，而将500辆辎重车置于后阵之中，往常山解运粮草，保障部队的给养供应。史思明曾数次派遣骑兵进行袭击骚扰，但都被唐军弩手击退。两军就这样前后相持了一个月有余。

四月，郭子仪也统率大军抵达常山，与李光弼部会合，唐军总兵力因而增至十余万之众，与安史叛军相比占有较大的优势。于是扩大攻势，一举攻克九门、藁城等战略要地。史思明屡战屡败，完全陷入被动，仓皇中"收余众奔赵郡"，惊魂稍稍甫定，又匆匆逃往博陵郡（今河北定县）。

李光弼兵出井陉，旗开得胜，一举收复常山郡，给安史叛军以沉重的打击。在此之前，唐军在战场上节节败退，伤亡惨重，其重要原因之一，是唐军的步兵经不住叛军铁骑的猛烈冲击。李光弼有鉴于此，深刻领会"以力久，以气胜，以固久，以危胜，本心固，新气胜，以甲固，以兵胜"的用兵之道，特地带了太原弓弩手3000人迅速东进，终于以弩箭阻遏了敌方劲骑的冲击，制止了史思明的凌厉攻势。在作战过程中又能做到"舍谨兵甲，行慎行列，战谨进止"，灵活机动，随敌应变，"无复先术"，实现了敌我优劣态势的转换，"轻乃重"。当与郭子仪部会合，兵力占有优势后，又能把握战机，及时展开全面的反攻，"以重行轻则战"，最后夺取了作战的胜利。这些情况充分体现了李光弼从战争实际出发，善于发挥兵器作用，正合奇胜的指挥特点。《司马法》云："执略守微，本末唯权"，"以仁救，以义战，以智决，以勇斗，以信专，以利劝，以功胜"。李光弼巧用弓弩遏敌劲骑的做法，可谓深谙其中三昧，值得称道。

上智用间：朱元璋破陈友谅的应天之战

瑞士是"钟表王国"，为了使自己国家避免卷入世界大战的漩涡，它早早就宣布恪守永久中立的立场，从而在第一次世界大战和第二次世界大战中都充当了看客的角色。然而，和平主义的立场并没有泯灭瑞士人关注战争、思考军事的热情，至少约米尼本人是这样。作为西方近代最著名的军事学家之一，他殚精竭虑地写出了一本足以与《战争论》相媲美的军事名著——《战争艺术概论》（中国人按自己的观念模式，干脆把书名译为《兵法概论》）。在这部书中，有一节重要的内容"战争勤务或调动军队的实用艺术"，里面谈到了使用间谍的问题。

约米尼通过对战争经验的总结，发现了使用间谍与夺取战争胜利之间的紧密内在联系。所以，他合乎逻辑地把借助侦察和间谍手段获取敌方的情报，列为战争勤务学的主要内容之一："组织和指挥各种侦察，通过这种侦察和间谍手段获取有关敌人配置和运动的尽可能准确的情报。"约米尼强调指出，战争中实施巧妙机动的最重要的条件之一，毫无疑义是在下达命令之前，切实准确地掌握敌人的情报。而要详细掌握敌军的内部情报，最可靠也最经济的方法莫过于间谍活动。为此，他认为在四种判断敌军行动的方法之中，建立起一个完善的（但有时不免是花费巨大的）间谍网，乃是首屈一指的方法。可以很明显地看到，约米尼是把善用间谍以克敌制胜提到战略的高度来加以认识的。

无独有偶，兵圣孙子同样高度重视用间。第一，从战略的高度，强调用间以掌握第一手敌情的重要性。第二，系统全面地说明了使用间谍的一般原则和具体方法。第三，孙子提出了用间的必要条件，高度推崇聪明智慧在用间活动中的重要作用。一再强调它是"三军所恃而动"的根本。孙子这一思想的提出，是在"丘牛大车"的纯冷兵器作战时代，要比约米尼的高见整整早了两千多年。

孙子的用间思想，系统完整而又条分缕析，高明卓绝而又不乏可操作性，因此，后世兵家对此无不奉为圭臬。如《百战奇法》的作者就说："凡欲征伐，先用间谍，觇敌之众寡、虚实、动静，然后兴师，则大功可立，战无不胜。"把"立大功"同"用间谍"直接联系在一起。《经武要略》的作者也讲："兵家之有采探，犹人身之有耳目也。耳目不具则为废人，采探不设则为废军。"把间谍对军队的重要性，形象地比喻为人身体上的耳朵和眼睛。这类言辞在中国古代兵书战策中可谓比比皆是，说到底都是对孙子用间理论的继承和发挥。

至于在实战活动中充分运用孙子用间思想的情况更是层出不穷，不胜枚举，从而上演了一幕幕波澜壮阔、惊心动魄的战争活剧。其中人们较为熟悉的就有秦昭王重金收买内间使赵王上当受骗，使大将廉颇"下岗"，换上只会纸上谈兵的赵括当大将，一举打赢长平之战；刘邦采纳陈平的计谋，让陈平放手从事间谍大战，离间项羽与部下之间的关系，为争取楚汉战争的胜利扫清障碍；岳飞利用矛盾，巧使反间之计，诱使金人废黜掉伪齐王刘豫，兵不血刃为自己北伐中原开了一个好头；韦孝宽机心深密，利用间谍借刀杀人，不露声色除掉北齐大将斛律光；种世衡老谋深算，通过用间，挑拨西夏统治集团内部的关系，使西夏朝廷两位亲王不明不白做了冤死之鬼。诸如此类的故事，史不绝书，孙子的用间思想由此而得到了历史的验证。

这里，我们不妨通过元朝末年朱元璋大破陈友谅的应天之战。来具体领略一下用间使诈、角智斗谋艺术的精髓奥妙。

公元 1351 年，轰轰烈烈的红巾军农民大起义爆发，以反抗元王朝的腐朽的民族歧视和残酷的阶级压迫。起义爆发后，得到了全国各地人民的积极响应，长江、淮河流域等广大地区的农民纷纷举行起义。农民起义沉重地打击了元王朝的反动统治，元朝的军事优势被削弱以至丧失了，农民军则从胜利中得到发展和壮大。

如火如荼的农民起义造就了杰出的领袖人才，朱元璋是他们中间的主要代表。他出身贫农，曾因贫困难为生计而入皇觉寺为僧，农民起义爆发后，他投入濠州的郭子兴起义军，在对元兵的长期作战过程中，朱元璋表现了杰出的军事才能，成为脱颖而出的农民起义领袖人物。朱元璋也富有敏锐长远的政治眼光，善于重用地主阶级知识分子，运用地主阶级的统治经验进行比较清明的政治建设，赢得了很大的政治优势。经过多年的经营，朱元璋的势力越来越大，成为当时一股举足轻重的政治势力，而朱元璋本人也在这个过程中完成了由农民军领袖向封建最高统治者的转变。

朱元璋的军事战略的基本构思是：先统一富庶的江南地区，进而统一全中国。当时北方红巾军的发展壮大，牵制了大批元军，这为朱元璋向江南发展提供了非常有利的时机。他逐步消灭了元朝在江南的残余部队和多个地方割据势力，迅速发展壮大起来。到公元1358年，他已占领了江苏大部、浙江、安徽一部的广大地区。但朱元璋并不以此为满足，于是开始了进行统一江南的作战。

当时，全国的形势发生了很大的变化。这表现为：在北方，刘福通领导的红巾军在元朝政府军和各地拥元地主武装势力的联合进攻下遭到失利。但是元朝统治者内部矛盾正日益激化，军事上的暂时胜利对元朝反动统治来说，不过是回光返照而已。在南方，已形成了陈友谅（名义上是徐寿辉）、张士诚、方国珍等几个武装集团。陈友谅与张士诚都有相当大的军事实力，足以与朱元璋相抗衡，其中占据江西地区的陈友谅集团在南方诸集团中兵力最强，野心最大，处心积虑地想消灭朱元璋，因而同朱元璋的矛盾最深。

朱元璋根据当时形势和自己处于陈友谅和张士诚

两大势力之间的处境，向刘基征询攻守之计。刘基提出先打陈友谅，后打张士诚的谋略，他向朱元璋分析说：张士诚专意保守现有地区，不足为虑。相反陈友谅正"劫主（挟持徐寿辉）胁下"，又处于上流地区，应该先翦灭他。等到陈友谅被平定后，张士诚势孤力单，也可以一举消灭。然后再出兵中原，灭掉元朝，建立起帝王之大业。朱元璋采纳了刘基这一建议，正式确定了先陈后张，统一江南，然后北上灭元，统一全国的战略方针。

朱元璋按照这一方针，集中主力先攻打陈友谅，而对张士诚则采取守势，控制江阴等战略要点，以防张军向西发展，并拉拢方国珍，以牵制张士诚。应天之役，就是朱元璋这一战略方针实施过程中的第一个回合。

同朱元璋看待陈友谅一样，陈友谅也把朱元璋视作自己的主要对手，从而积极筹划消灭之。1360年农历闰五月初一，陈友谅率舟师10万，越过朱军所据的池州（今安徽贵池），攻取太平，夺占采石。陈友谅进驻采石，踌躇满志，便杀死徐寿辉，自立为皇帝，国号汉，改元大义。初五，他约张士诚夹攻朱元璋。

当时，陈友谅兵力上对朱元璋占有很大的优势，陈军的舟师尤为强大。在陈友谅优势兵力大举东下面前，朱元璋的部下有的主张举城投降，有的主张退守钟山（今南京紫金山），也有的主张先决一死战，打不赢再跑。朱元璋采纳了刘基"伏兵伺隙击之"的建议，决定在应天与陈友谅决战。为了防止陈友谅与张士诚联手，陷己于两面受敌的困境，并利用陈友谅求战心切，骄傲轻敌的心理，朱元璋决定巧妙用间，诱敌深入，设伏聚歼，击败陈军。

为此，朱元璋先让陈友谅的老友、元朝降将康茂才写信给陈友谅诈降，表示愿为内应，并约定在江东桥（今南京江东门附近）会合，以呼"老康"为暗号。

在巧妙用间的同时，朱元璋按照设伏聚歼陈军的既定方针，根据应天（今南京）的地形条件作出如下的军事部署：命令常遇春、冯国胜、华高等率兵 3 万埋伏于石灰山（今南京幕府山）之侧；命令徐达等率兵列阵于南门外；因获悉陈友谅打听新河（今南京城西南）地形，遂派遣赵德胜率兵横跨新河筑虎口城；派遣杨璟率兵进驻大胜港（今南京城西门 30 里）；命令张德胜、朱虎率舟师出龙江关（今南京兴中门外）；朱元璋自率主力埋伏于卢龙山（今南京狮子山）。朱元璋还规定了作战信号：陈军入伏击圈，举红旗；伏兵出击，举黄旗。命令各军严阵以待。在此之前，朱元璋派遣将军胡大海自婺州（今浙江金华）、衢州率兵西攻信州（今江西上饶），对陈友谅的侧后实施威胁和牵制。

陈友谅收到康茂才的诈降信后，信以为真，便顾不得等待张士诚的出兵配合，于五月初十率军自采石进抵大胜港。待到江东桥连声呼唤"老康"不应，方知上当受骗，被动中仓促派遣士卒万人登岸立栅。

朱元璋在卢龙山上看到陈军进入伏击圈，遂乘其登岸立营未固之际，举起黄旗，发出出击信号。一时间鼓声震天，伏兵四起，水陆夹击。陈军遭此突然打击，阵势大乱，争相登舟而逃。此时正值江水退潮，陈军的巨舰搁浅，移动不得。陈军士卒被杀和落水而死者甚多，被俘二万余人。陈军诸将见情势危急，纷纷向朱军投降。朱军缴获巨舰百余艘。陈友谅本人乘坐小舟侥幸逃回江州（今江西九江）。此时，张士诚守境观望，未敢出兵助陈。朱元璋挥师乘胜追击，夺回安庆、太平，并占领了信州、袁州（今江西宜春）等地。这场关系到朱元璋君臣存亡生死的应天之战，终于以朱元璋的大获全胜而告结束。

应天之战的失败，使得陈友谅集团的内部矛盾更加激化，将士对陈友谅离心离德，政令军令也无法得到贯彻执行。朱元璋利用陈友谅的这些弱点，不断向西推进自己的势力范围。仅仅在公元1361年一年，就相继攻克了蕲州、黄州、兴国、黄梅、广济、乐平、抚州等地，实力日增，基本上扭转了陈强朱弱的战略格局，为1363年鄱阳湖大战最后消灭陈友谅势力奠定了基础。

朱元璋能够取得应天之战的胜利，一个重要的原因就是他善于用间，使敌人陈友谅作出错误的决断。朱元璋注重"先知"，做到"必取于人，知敌之情者"，即从了解陈友谅性格、为人的康茂才等人那里了解到陈友谅骄傲自大、恃强轻进的特点，对症下药地巧妙行间。孙子说："因间者，因其乡人而用之。"康茂才是陈友谅的老友，根据这一情况，朱元璋对陈友谅采取了"因间"手段，让康茂才写信诈降，诱使陈友谅轻敌冒进，然后用部署周密的伏兵大破之，赢得战争的胜利。由此可见，应天之战，是巧妙使间与出奇制胜作战指导的完美结合，充分反映了朱元璋料敌如神、应变自如的卓越军事才能。

　　在现当代战争中，间谍活动在军事斗争中的作用仍然十分重要。只要想一想，希特勒的间谍伎俩奏效，苏联红军最优秀的将领图哈切夫斯基元帅沉冤莫白，一枪毙命，给苏联国防所带来的巨大灾难，你就不能不承认，有时候一个间谍的力量抵得上数十万武装到牙齿的军队。当然，间谍的能量之大小，往往取决于操纵、指挥他的统帅之水平，这一点在现代战争中也不例外。苏联优秀间谍佐尔格就其本人素质而言，丝毫也不逊色于任何一位西方间谍，他的间谍活动，曾为苏联的国家安全作出过巨大的贡献，然而，斯大林体制的僵化官僚性质，也极大限制了佐尔格作用的发挥。苏德战争前夕，他费尽心思、千辛万苦搞来的情报，并没有真正引起苏联最高当局的充分重视，因此而忽略了战争迫在眉睫的危险，以至于当德军浩浩荡荡向苏联境内冲杀前来之时，束手无策，濒临崩溃。这个事实提醒人们，间谍固然重要，用间固有作用，但问题的关键是决策者如何用间。否则"黄钟毁弃，瓦釜雷鸣"，一切都是白说。

　　由于在现当代军事斗争中，用间依然是不可或缺的环节，所以孙子所阐述的用间思想，仍为世界各国军事情报界所重视和借鉴。例如，日本的谍报人员曾把《孙子兵法》作为最大的谍报技巧专家的著作，翻译成日文，而他们在 1904 年的日俄战争和 1941 年偷袭夏威夷珍珠港美国太平洋舰队前后，搜集情报和实际运用情报的策略以及具体手段，大多与《孙子兵法》用间思想若合符契。同样，美国中央情报局也曾把孙子视为谍报理论的鼻祖，让所属雇员认真阅读《孙子兵法》以及按孙子用间原理写作而成的《间书》。尽管随着现代科学技术的高速发展，今天世界上已有了卫星摄影的高超技术，有了监视电讯发射的一整套先进技术设备（如全球定位仪），但是在具体的用间和反间谍手段上，孙子所揭示的基本原理并没有过时。同时，需要指出的是，即使是最现代最先进的高技术侦察手段，也无法完全取代人工搜集情报、信息的功能，以人为本位的用间活动，在现代战争乃至于未来战争中仍然会有它重要的位置，这一点在美军发动的阿富汗战争和伊拉克战争中都已有充分的证明。

当然，今天的间谍活动已远远超越了军事、政治领域的范围，商业经济活动中、科学技术领域内的间谍活动同样是愈演愈烈，花样翻新。换句话说，用间这只无形的巨手正伸向社会生活的各个方面。

《中国史话》总目录

系列名	序号	书名	作者	
物质文明系列（10种）	1	农业科技史话	李根蟠	
	2	水利史话	郭松义	
	3	蚕桑丝绸史话	刘克祥	
	4	棉麻纺织史话	刘克祥	
	5	火器史话	王育成	
	6	造纸史话	张大伟	曹江红
	7	印刷史话	罗仲辉	
	8	矿冶史话	唐际根	
	9	医学史话	朱建平	黄　健
	10	计量史话	关增建	
物化历史系列（28种）	11	长江史话	卫家雄	华林甫
	12	黄河史话	辛德勇	
	13	运河史话	付崇兰	
	14	长城史话	叶小燕	
	15	城市史话	付崇兰	
	16	七大古都史话	李遇春	陈良伟
	17	民居建筑史话	白云翔	
	18	宫殿建筑史话	杨鸿勋	
	19	故宫史话	姜舜源	
	20	园林史话	杨鸿勋	
	21	圆明园史话	吴伯娅	
	22	石窟寺史话	常　青	
	23	古塔史话	刘祚臣	
	24	寺观史话	陈可畏	
	25	陵寝史话	刘庆柱	李毓芳
	26	敦煌史话	杨宝玉	
	27	孔庙史话	曲英杰	
	28	甲骨文史话	张利军	
	29	金文史话	杜　勇	周宝宏

系列名	序号	书名	作者	
物化历史系列（28种）	30	石器史话	李宗山	
	31	石刻史话	赵超	
	32	古玉史话	卢兆荫	
	33	青铜器史话	曹淑琴	殷玮璋
	34	简牍史话	王子今	赵宠亮
	35	陶瓷史话	谢端琚	马文宽
	36	玻璃器史话	安家瑶	
	37	家具史话	李宗山	
	38	文房四宝史话	李雪梅	安久亮
制度、名物与史事沿革系列（20种）	39	中国早期国家史话	王和	
	40	中华民族史话	陈琳国	陈群
	41	官制史话	谢保成	
	42	宰相史话	刘晖春	
	43	监察史话	王正	
	44	科举史话	李尚英	
	45	状元史话	宋元强	
	46	学校史话	樊克政	
	47	书院史话	樊克政	
	48	赋役制度史话	徐东升	
	49	军制史话	刘昭祥	王晓卫
	50	兵器史话	杨毅	杨泓
	51	名战史话	黄朴民	
	52	屯田史话	张印栋	
	53	商业史话	吴慧	
	54	货币史话	刘精诚	李祖德
	55	宫廷政治史话	任士英	
	56	变法史话	王子今	
	57	和亲史话	宋超	
	58	海疆开发史话	安京	

系列名	序号	书名	作者
交通与交流系列（13种）	59	丝绸之路史话	孟凡人
	60	海上丝路史话	杜 瑜
	61	漕运史话	江太新　苏金玉
	62	驿道史话	王子今
	63	旅行史话	黄石林
	64	航海史话	王 杰　李宝民　王 莉
	65	交通工具史话	郑若葵
	66	中西交流史话	张国刚
	67	满汉文化交流史话	定宜庄
	68	汉藏文化交流史话	刘 忠
	69	蒙藏文化交流史话	丁守璞　杨恩洪
	70	中日文化交流史话	冯佐哲
	71	中国阿拉伯文化交流史话	宋 岘
思想学术系列（21种）	72	文明起源史话	杜金鹏　焦天龙
	73	汉字史话	郭小武
	74	天文学史话	冯 时
	75	地理学史话	杜 瑜
	76	儒家史话	孙开泰
	77	法家史话	孙开泰
	78	兵家史话	王晓卫
	79	玄学史话	张齐明
	80	道教史话	王 卡
	81	佛教史话	魏道儒
	82	中国基督教史话	王美秀
	83	民间信仰史话	侯 杰　王小蕾
	84	训诂学史话	周信炎
	85	帛书史话	陈松长
	86	四书五经史话	黄鸿春

系列名	序号	书名	作者	
思想学术系列（21种）	87	史学史话	谢保成	
	88	哲学史话	谷方	
	89	方志史话	卫家雄	
	90	考古学史话	朱乃诚	
	91	物理学史话	王冰	
	92	地图史话	朱玲玲	
文学艺术系列（8种）	93	书法史话	朱守道	
	94	绘画史话	李福顺	
	95	诗歌史话	陶文鹏	
	96	散文史话	郑永晓	
	97	音韵史话	张惠英	
	98	戏曲史话	王卫民	
	99	小说史话	周中明	吴家荣
	100	杂技史话	崔乐泉	
社会风俗系列（13种）	101	宗族史话	冯尔康	阎爱民
	102	家庭史话	张国刚	
	103	婚姻史话	张涛	项永琴
	104	礼俗史话	王贵民	
	105	节俗史话	韩养民	郭兴文
	106	饮食史话	王仁湘	
	107	饮茶史话	王仁湘	杨焕新
	108	饮酒史话	袁立泽	
	109	服饰史话	赵连赏	
	110	体育史话	崔乐泉	
	111	养生史话	罗时铭	
	112	收藏史话	李雪梅	
	113	丧葬史话	张捷夫	

系列名	序号	书　名	作　者	
	114	鸦片战争史话	朱谐汉	
	115	太平天国史话	张远鹏	
	116	洋务运动史话	丁贤俊	
	117	甲午战争史话	寇　伟	
	118	戊戌维新运动史话	刘悦斌	
	119	义和团史话	卞修跃	
	120	辛亥革命史话	张海鹏	邓红洲
	121	五四运动史话	常丕军	
	122	北洋政府史话	潘　荣	魏又行
	123	国民政府史话	郑则民	
	124	十年内战史话	贾　维	
近代政治史系列（28种）	125	中华苏维埃史话	杨丽琼	刘　强
	126	西安事变史话	李义彬	
	127	抗日战争史话	荣维木	
	128	陕甘宁边区政府史话	刘东社	刘全娥
	129	解放战争史话	朱宗震	汪朝光
	130	革命根据地史话	马洪武	王明生
	131	中国人民解放军史话	荣维木	
	132	宪政史话	徐辉琪	付建成
	133	工人运动史话	唐玉良	高爱娣
	134	农民运动史话	方之光	龚　云
	135	青年运动史话	郭贵儒	
	136	妇女运动史话	刘　红	刘光永
	137	土地改革史话	董志凯	陈廷煊
	138	买办史话	潘君祥	顾柏荣
	139	四大家族史话	江绍贞	
	140	汪伪政权史话	闻少华	
	141	伪满洲国史话	齐福霖	

系列名	序号	书 名	作 者
近代经济生活系列（17种）	142	人口史话	姜 涛
	143	禁烟史话	王宏斌
	144	海关史话	陈霞飞 蔡渭洲
	145	铁路史话	龚 云
	146	矿业史话	纪 辛
	147	航运史话	张后铨
	148	邮政史话	修晓波
	149	金融史话	陈争平
	150	通货膨胀史话	郑起东
	151	外债史话	陈争平
	152	商会史话	虞和平
	153	农业改进史话	章 楷
	154	民族工业发展史话	徐建生
	155	灾荒史话	刘仰东 夏明方
	156	流民史话	池子华
	157	秘密社会史话	刘才赋
	158	旗人史话	刘小萌
近代中外关系系列（13种）	159	西洋器物传入中国史话	隋元芬
	160	中外不平等条约史话	李育民
	161	开埠史话	杜 语
	162	教案史话	夏春涛
	163	中英关系史话	孙 庆
	164	中法关系史话	葛夫平
	165	中德关系史话	杜继东
	166	中日关系史话	王建朗
	167	中美关系史话	陶文钊
	168	中俄关系史话	薛衔天
	169	中苏关系史话	黄纪莲
	170	华侨史话	陈 民 任贵祥
	171	华工史话	董丛林

系列名	序号	书名	作者
近代精神文化系列（18种）	172	政治思想史话	朱志敏
	173	伦理道德史话	马　勇
	174	启蒙思潮史话	彭平一
	175	三民主义史话	贺　渊
	176	社会主义思潮史话	张　武　张艳国　喻承久
	177	无政府主义思潮史话	汤庭芬
	178	教育史话	朱从兵
	179	大学史话	金以林
	180	留学史话	刘志强　张学继
	181	法制史话	李　力
	182	报刊史话	李仲明
	183	出版史话	刘俐娜
	184	科学技术史话	姜　超
	185	翻译史话	王晓丹
	186	美术史话	龚产兴
	187	音乐史话	梁茂春
	188	电影史话	孙立峰
	189	话剧史话	梁淑安
近代区域文化系列（11种）	190	北京史话	果鸿孝
	191	上海史话	马学强　宋钻友
	192	天津史话	罗澍伟
	193	广州史话	张　苹　张　磊
	194	武汉史话	皮明庥　郑自来
	195	重庆史话	隗瀛涛　沈松平
	196	新疆史话	王建民
	197	西藏史话	徐志民
	198	香港史话	刘蜀永
	199	澳门史话	邓开颂　陆晓敏　杨仁飞
	200	台湾史话	程朝云